感情に働きかける これからの
介護レクリエーション

心の専門家がアドバイス
生きる意欲を刺激する介護レク アイデア集

武藤清栄 監修
エモーショナルな介護レク研究会 編

はじめに

　介護を受ける高齢者は、人格を有した"おとな"です。もちろん、認知症の高齢者も、人格を有した"おとな"です。けれども今の世の中では、その当たり前のことが、忘れられているような感じがします。

　そして、高齢者のいろいろな話を聞くうちに、介護レクリエーションにおいてもそれは言えるのではないか、という疑問が生まれてきました。

　従来型の介護レクリエーションを、否定するわけではありません。現在、それらを楽しんでいる参加者は、たくさんいます。しかしその一方で、「子ども扱いされている」「人格を無視されているようでイヤだ」「つまらないから、行きたくない」といった声があることもまた、現実です。

　拒否したままで、外出する機会を逃してしまえば、要介護度はますます進んでしまいます。生きる意欲を失い、引きこもりにもなりかねません。

　そうした高齢者を1人でも減らしたい……。そんな思いがきっかけとなり、"おとならしさ"と"生きがい"をキーワードに、介護レクリエーションを考え直してみました。

　生きがいは、人生に喜びをもたらします。何に生きがいを見い出すかは、人それぞれです。ですから、社会貢献、学習活動、趣味など、多様な面から考えました。

　そして、心の専門家のアドバイスを受けてたどりついたのが、『感情に働きかける これからの介護レクリエーション』です。

　本書には、従来型の介護レクリエーションでは含まれないようなものもあります。それらは、高齢者が「喜び」の感情を生み出すためには、「こんな介護レクリエーションがあってもいいのでは？」という、今までにはなかった視点から生じたものです。

　こうして生まれた本書が、高齢者の人生をより豊かにするお手伝いができたら、と同時に、介護に従事する方々のやりがいをサポートすることができたら、こんなに嬉しいことはありません。

2017年11月
エモーショナルな介護レク研究会

感情は人生の満足度と深い関わりがある

　人間の感情には主として「喜び・不安・怒り・悲しみ・苦しみ」があります。その他の感情は、この5つの感情の組み合わせで決まります。そして感情は、期待との関係で生まれます。

○**喜び**……期待していることが手に入ったときの感情
○**不安**……期待していることが手に入らないのではないか、期待していることが
　　　　　手に入らなかったらどうしようというときの感情
○**怒り**……当然手に入ると期待していたことが、手に入らなかったときの感情
○**悲しみ**… 期待していることを完全に失ってしまったときの感情
○**苦しみ**… 期待していることにチャレンジするが、いつもうまくいかないときの
　　　　　感情

　期待通りのことが達成されれば、楽しい気分になり、意欲が生じます。意欲を刺激すれば、さらにプラスの感情が生まれます。こうしてプラスの感情が次々に生まれてくると、自分を取り巻く世界が生き生きと見えてきます。ハッピーな気分になり、笑いが増えます。そして、脳も活性化するのです。
　結果的に、生活の満足度が高まるわけですから、QOL（クオリティ・オブ・ライフ）にも良い影響を与えます。
　高齢者の気持ちを受け止め理解し、介護レクリエーションを通じて実現しようとする試みは、とても大切なことだと思います。

東京メンタルヘルス所長
臨床心理士　武藤清栄

本書のポイント

　高齢者の場合、社会との接点が少なくなると、期待される機会そのものが減ってしまいます。そうなると「自分なんか、あてにされていない」という気持ちになり、自分に期待しなくなってしまいます。
　そこで、本書が提案する介護レクリエーションでは、高齢者が自分に期待できることを重視しました。そして周りが、その期待を理解し、レクリエーションを通じて、その期待が実現できるように支援できることを大切に考えました。

INDEX

はじめに……2

Column Vol.1　高齢者の心の安定に、大きな役割を果たしているレクリエーション……8

第1章　世の中の役に立ちたい系レク

プロローグ　"世の中の役に立ちたい"期待とレクリエーションの可能性……10

1　"こんな商品があったら……"情報発信……12

シルバー世代事例　「おもちゃ病院」でボランティア……14
「おもちゃDrsかまくら」

2　おもちゃ病院を開催……16

3　おもちゃドクター＆ナースになろう……18

4　私たち「昔の遊び」の先生です……20

5　手作りおもちゃをプレゼント①　お手玉……22

6　手作りおもちゃをプレゼント②　端材で作る積み木……26

番外編　子どもと外遊び……28

施設事例　「働きたい」という"思い"に応えたデイサービス……32
「DAYS BLG！」

Column Vol.2　期待通りにできなかった参加者への対応……34

第2章　学びたい系レク

プロローグ　"学びたい"期待とレクリエーションの可能性……36

1　「回文」教室……38

2　読み聞かせレッスン……40

3　みんなで決める社会科見学……42

4　調理実習　季節シリーズ「干し柿」……44

5　手作りする米ぬかせっけん……46

6　詐欺被害ストップ講座……48

7　名画で語ろう……52

8　実験　使ってみました便利グッズ……54

施設事例　空間全体で"学校"を回想できる工夫……56
「おとなの学校」

Column Vol.3　相手のモチベーションに深く関係する「誰が何を言うか」……58

第3章　おしゃれ系レク

プロローグ　"おしゃれをしたい"期待とレクリエーションの可能性 …… 60

1　似合う色を再発見！…… 62

施設事例　ネイルアートで気持ちも前向き …… 64
「アライブ世田谷代田」

2　福祉ネイルで心もおしゃれ …… 66

3　思い出の服ファッションショー …… 70

4　きれいになったら記念撮影！…… 74

番外編 PART1　写真の撮り方 …… 76

番外編 PART2　フォトフレームを作る …… 78

Column Vol.4　会話が弾まないときは、質問を工夫してみる …… 80

第4章　おとなの趣味系レク

プロローグ　"趣味を持ちたい"期待とレクリエーションの可能性 …… 82

1　シルバー川柳で笑っちゃおう …… 84

2　展覧会を開こう …… 86

3　草で作るドライフラワー …… 88

4　草を編んで作るコースター …… 90

5　苔玉づくり …… 94

6　「金継ぎ」の技に触れる …… 98

7　手軽にアロマテラピー体験 …… 102

施設事例　カジノのような大人の遊び場 …… 104
「デイサービス・ラスベガス」

8　自由に選べるクラブ活動 …… 106

Column Vol.5　相手も自分も、ポジティブ思考に変えられる …… 108

第5章　音楽系レク

プロローグ　"音楽を楽しみたい"期待とレクリエーションの可能性 …… 110

「音楽療法」事例　口腔体操や回想法などでも活用される …… 112
NPO法人オフィスリブスタイル

1　歌って指先体操 …… 114

2　ハンドベル演奏 …… 116

施設事例　平均年齢84歳の合唱団 …… 118
「ヴィンテージ・ヴィラ」

3　合唱団でコンサートを目指そう …… 120

4　音楽でスケッチ …… 122

Column Vol. 6　主な"マイナス言葉→プラス言葉"言い換え一覧 …… 124

第6章　身体を動かす系レク

プロローグ　"身体を動かしたい"期待とレクリエーションの可能性 …… 126

施設事例　人気レクはパラリンピック正式種目 …… 128
「グッドタイム リビング 千葉みなと」

1　パラリンピック正式種目のボッチャ …… 130

2　ゴルフの面白さを楽しめるターゲット・バードゴルフ …… 132

3　イギリス生まれのローンボウルズ …… 134

4　気軽に身体を動かせるチェアヨガ …… 136

Column Vol. 7　ストレスをためないように、心をコントロールしよう …… 140

第7章　さんぽ系レク

プロローグ　"外出したい"期待とレクリエーションの可能性 …… 142

1 植物調査隊 …… 144

資料編　季節の花と紅葉 …… 146

2 流行チェック …… 150

3 昔と今、何が変わった？ …… 152

4 ノルディックウォーキングに挑戦 …… 154

資料編　昭和（40年代まで）の主な出来事とヒット曲 …… 156

Column Vol.**1**

高齢者の心の安定に、大きな役割を果たしているレクリエーション

「感情」は、心の不調を左右する

脳は、心をつくる工場です。心には、思考・記憶・意欲・意思・自我意識・知覚・感情などの働きがあります。これらの働きが不調な状態が、いわゆる「心の不調」です。中でも、心の状態を整えるのに、大きな領域を占めているのが、感情です。

「哀しい」「むなしい」といったネガティブな感情が生まれると、心は不調になります。また、感情が山あり谷ありで、起伏が激しくなる場合も、心は不調になってしまいます。

感情が出なくなると、うつ病になってしまう

感情が出なくなるときもあります。例えば、緊張させられたり、ものが言えない雰囲気のとき、感情が出なくなります。

感情が出なくなると、無表情になります。そうした状況が続くと、物事に無関心になり、自分や世の中に対して期待しなくなります。そして、世界が白黒に見えてきます。さらには、感情が抑圧されていると、何を食べても味がしなくなっていきます。食べるのも歩くのも、ゆっくりになります。

このように精神運動が制止してしまうのは、うつ病の症状の表れです。うつ病と認知症の症状には似ているところがありますが、大きな違いは、うつ病には喪失感と自責の念

があることです。しかし、うつ病と認知症が合併していることもよくあります。

身体機能が低下するから、意欲が出てこなくなってしまうのです。ですから、レクリエーションで身体機能を使うことは、とても良いことです。

理由を"聴く"ことが大切

人間は誰もが、少なからず何らかの悩みを抱えて生きています。そのため、自分の病気や家庭問題などでレクリエーションどころではないという状況に陥ることは、誰にでもあり得ます。

「レクリエーションをしている間だけでも、悩みを忘れたい」という人も中にはいると思いますが、当然のことながら、そういう人ばかりではありません。

例えば、家族との関係が悪く、「俺を介護施設に押し込めて、自分たちは旅行に行きやがって。レクリエーションなんか、やるもんか」と、腹を立てる人がいたとします。このケースでレクリエーションを拒否する根本的な理由は「家族との関係」ですから、レクリエーションに誘ったところで、その気にはなれないのも無理はありません。

根本的な理由が他にある人たちに対しては、「その理由に耳を傾けること」が何より大切になっていきます。

1章
世の中の役に立ちたい系レク

年齢を重ねるにつれ、今までできたことができなくなったりします。けれど、発想を転換させれば、"高齢者だからできること"があります。その視点をもとに、世の中の役に立ちたいという期待に応えるレクリエーションを考えてみました。

"世の中の役に立ちたい"期待と
レクリエーションの可能性

自己価値観が低下しやすい高齢者

　高齢者の方々は、さまざまな経験を重ね、社会的地位や経済力などを備えてきました。しかし多くの場合、高齢になると会社を退職したり現役を退くなどして、社会的地位や仕事上の役割を手放すようになります。一方で、大切な人や仲間を喪うことも増え、それに伴い、家庭での役割を失う人もいます。

　そのように役割を失うと、それをきっかけに自己価値観が低下し、自信を失い、ひいては生きる気力も失ってしまうことがあります。また、年齢を重ねるにつれ、身体の衰えを自覚するようにもなります。自信を失ったうえにそうした状態が表れると、「厄介者になりたくない」「みんなに迷惑をかけたくない」という気持ちが生じてきます。

自信は取り戻せる

迷惑をかけたくないと思うようになると、できれば「みんなの役に立ちたい」「必要とされたい」「あてにされたい」という気持ちがわき出てきます。

そして、この期待が成就すれば、「自分は存在してもいい」「肯定されている」という気持ちになり、やがては「存在感がある」と思うようになります。さらには「居場所がある」「自分はこの世の中で、自己実現している」と、気持ちが肯定的に続きます。

こうした変化によって、"生きていく自信"を確保できるようになります。

「高齢者だからできること」に目を向ける

役に立つことで自信を取り戻せるとはいえ、年齢を重ねるにつれ、今までできたことができなくなったりします。けれども、いろいろな経験を重ねてきた「現在の自分＝高齢者だからこそできること」があります。また、年齢を重ねたからこそ分かることもあります。

そうした"高齢者だからできること"に目を向けてみると、介護レクリエーションを通じて実践できることもあります。

その際、ポイントになるのは、以下のような"つながり"です。

1 社会とのつながり
2 地域とのつながり
3 人とのつながり

自分が行ったことや関わったことで世の中とつながりを持てれば、"高齢者である自分"に自信を持てるようになります。

"こんな商品があったら……"
情報発信

高齢者向けのモノやサービスを提供したい企業にとって、実際の使用者である高齢者の意見ほど必要なものはないはず……。そこで、参加者が日ごろ「こんなモノやサービスがあったらいいな」と感じていることを発信する場を、レクリエーションを通じて設けてみてはと考えました。こうした場を設けることで、自分の考えを言葉にできる機会が得られますし、自分の存在が世の中の役に立っている感覚を感じてもらうことにもつながります。

準備

事前にやること

- 当日、話しやすいように「ふだんの生活の中で、こんなモノやサービスがあれば便利なのにと思ったことを教えてください」と、事前に告知しておきます。

お助けアドバイス

スタッフが自分の失敗談を話すと、楽しく和やかな雰囲気をつくりやすくなります。
例：「家にいたときのことなんですけど。靴下を履いたまま棚にあるモノを取ろうとして、すべって転んでしまったんです。皆さんは靴下を履いていてすべって転びそうになったことありませんか」。

導入の言葉かけ例

- 「高齢化社会と言われる中、高齢者の方々が使うモノやサービスを作りたい会社は、増えているそうです。でも作る人たちは高齢者ではないから、どんなモノが必要なのかよく分からなくて困っているらしいのです」と、これからやることの意義を説明します。

- 「皆さんが、ふだん感じていることは、実はとても貴重な意見なんですよね」と、参加者の考えが世の中で必要とされていることを伝えます。

- 「こんなモノやサービスがあれば便利なのにと思っていることや、困ったな不便だなと感じていることを、今日は、言いたい放題、話しちゃってください！」と話しやすいように促します。

1章 世の中の役に立ちたい系レク **1**

時間	感情への働きかけ	効果
30分程度	○自分の考えが言える・聞いてもらえる⇒自己価値観の向上⇒喜び	○仲間とのコミュニケーション ○ストレス発散 ○自主性

進め方

「こんなモノやサービスがあれば、便利なのになぁと思ったこと、ありました？」「最近、困ったなぁ、不便だな』と感じたことはありましたか？」などと、問いかけます。

お助けアドバイス

どんなアイデアが出ても否定しないで受け止め、うなずきながら話を聞きます。事実よりも気持ちを聞くことを重視しましょう。

POINT

自分が役に立っていると思えるようになると、自信が生まれます。さらには、自分の居場所が持てるようにもなります。また可能であれば、参加者から出た意見を、ブログなどを通じて定期的に外部に発信しましょう。その反響をフィードバックすれば、自分たちの意見が影響を与えたという感覚は、喜びにつながります。

シルバー世代事例

「おもちゃ病院」でボランティア

子どものおもちゃの修理を、無償で行うボランティア団体が、全国各地にあります。その名は「おもちゃ病院」。修理に携わる人は「おもちゃドクター」と呼ばれていますが、その多くがシルバー世代です。こうしたボランティア活動にも、介護レクリエーションで活かせるヒントがあるかもしれません。

お話をうかがった方
おもちゃ病院「おもちゃDrsかまくら」
代表
須藤清志さん

子どもと触れ合い、喜ばれることがやりがい

神奈川県鎌倉市を拠点に活動している「おもちゃDrsかまくら」。2003年に鎌倉市社会福祉協議会主催の「男性ボランティア講座」で、おもちゃドクターの活動を知ったのをきっかけに、一緒に活動してみたいという12人が結集してボランティアグループを立ち上げたのが始まりです。

現在は、14人がおもちゃドクターとして活動中。定年後の60代後半から70代が中心ですが、80代もいるそうです。代表を務める須藤さんは、今年70歳。長年、電機メーカーで機械技術系の仕事に携わっていた方です。

「私は子どもが大好きなので、培ってきた技術を活かして子どもたちの役に立てるならばと、この活動に参加しました。とはいえ、私のような技術系出身者ばかりではなく、3分の1はそれ以外の職種だった人なんですよ」

実際、持ち込まれるおもちゃの中には、単純な電池周りのアドバイスや修理だけで済むものもあるそうです。

「例えば、電池の端子にサビがついているために作動しないことがあります。この場合は、ネイル用爪磨きでサビを落とすだけで修理は完了します。知識や経験が浅いメンバーは、最初のうちはこうした簡単な修理を担当します。それから少しずつ、他のメンバーの仕事を見て教えてもらいながら覚えていきます」

無理をせず、できることだけをやる。それが、ボランティアのいいところではないかと、須藤さんはおっしゃいます。

「簡単な修理でも、達成感を得ることができるんですよね。このボランティアを始めてから、よく笑うようになった人もいますよ。直ったおもちゃを受け取るとき、子どもたちは本当にうれしそうで。その笑顔に、会社員時代とは違ったやりがいを感じています」

月に4回のペースで、市の施設や保育園などで「おもちゃ病院」を開催。お父さんやお母さん、子どもたちが直接、壊れたおもちゃを持って来ます。

受付〜診療。受付するときに、壊れた原因を聞きます。場合によっては、専門知識を持つドクターが集まり、壊れた原因を探るべく"診察"します。

「おもちゃDrsかまくら」のメンバーの皆さん。70代が中心です。

修理完了。当日、修理が終わらないものは"入院"(お預かり)して、後日、受け渡しになります。

おもちゃ病院を開催

前ページで紹介した「おもちゃ病院」の開催場所を提供。レクリエーションの一環として、希望する参加者が、受付のサポートなどに携わります。こうした"無償の仕事"を通じて、人から感謝される機会をつくることができます。

準備

事前にやること

- 地域で「おもちゃ病院」のボランティア活動を行っている人たちと打ち合わせ。どれくらいのスペースが必要か、所要時間、日時などを決めます。
  ※修理受付用紙などは、「おもちゃ病院」の主催者側に用意してもらいます。
- 「おもちゃ病院」を開催する告知を行います。（市役所などを通じて、地域内の幼稚園、保育園に告知）
- 上記の準備とは別に、まずは「おもちゃ病院」について、参加者に言葉や紙面で告知しておきます。
- 「おもちゃ病院スタッフ　○○（氏名）」と書かれた参加者の名札を作っておきます。

事前の言葉かけ例

- おもちゃ病院の必要性を分かってもらうために、「子どもたちが使うおもちゃが壊れてしまったとき、動かないからといって、すぐ捨ててしまうのはもったいないですよね。でも、修理に出すと時間がかかるし、お金だってかかるし……。それで、ついつい修理しない人もいるようなんです」と、現状の問題点を伝えます。
- 「おもちゃが壊れて困っている子どもたちのために、おもちゃを無償で修理する人がいるんですよ。おもちゃのケガを直すから『おもちゃドクター』と呼ぶんですって。おもちゃドクターたちがおもちゃを修理する場所は、なんて呼ぶと思います？」と問いかけたりしなが

ら、興味を誘います。

- 「実は今度、この地域で活動している『おもちゃ病院』のために、施設の部屋を貸すことにしたんです。名前は『おもちゃ病院　○○出張所』です」と、○○のところには施設名などを入れます。
- 「当日は、子どもやお父さんお母さんたちがおもちゃを持って来るので、少しにぎやかになると思います」と、当日の楽しい様子がイメージできることも、あらかじめ伝えます。

当日、用意するもの

- 受付用のテーブル
- おもちゃドクターが修理するためのテーブルと椅子

導入の言葉かけ例

- 「今日は、壊れたおもちゃをボランティアで修理する『おもちゃ病院』が、この施設で行われる日です」と、何を行うのか内容を説明します。
- 「最近は、どんなおもちゃが流行っているんでしょうね。簡単な修理なら見て覚えらえるかもしれません。そうしたら、お孫さんのおもちゃが壊れたとき、直してあげられますね」と、興味喚起の言葉を伝えます。
- お手伝いをしてくれる希望者を募ります。希望者には「受付の仕事をお任せしたいのですが、お願いできますか」と期待している気持ちを伝えます。

1章 世の中の役に立ちたい系レク 2

時間	感情への働きかけ	効果
30分〜2時間程度 （時間内、自由参加）	○感謝される・期待に応える ⇒自己価値観の向上⇒喜び	○他者（子どもなど）との コミュニケーション

進め方

参加者の意思を尊重して、それぞれの役割を担ってもらいます。

1 受付

壊れたおもちゃを持って来た人に、受付用紙に記入してもらう役目。受付をやってみたい人には、おもちゃドクターと一緒に、受付業務を行います。

2 修理

おもちゃドクターが修理します。修理を覚えたい人には、簡単な修理をする際など、おもちゃドクターが修理するのを見ながら、直し方を教えてもらいましょう。

3 受け渡し

修理が終わったおもちゃを渡します。受け渡しをやってみたい人は、おもちゃドクターと一緒に、受け渡し業務を行います。

> **POINT**
>
> 参加者には、始まる前に期待している気持ちを伝えましょう。期待されたことで、それに応えられたときの喜びの感情がより高まります。

おもちゃドクター＆ナースになろう

おもちゃ病院を定期的に開催できるようになったら、「もっと役立ちたい」という意欲が芽生えてくる参加者も出てきます。芽生えた意欲をそがないよう、「おもちゃドクター」「おもちゃナース」としての活躍の場をつくります。

お助けアドバイス

おもちゃ病院には、「ぬいぐるみのほつれを直してほしい」といった依頼もあるそうです。修理が前提なので、そうした依頼は原則として受けないのです（※「おもちゃDrsかまくら」の場合）。そこで、仕事や子育ての両立などで忙しいお母さんたちに代わって「おもちゃドクター＆ナース」となった参加者が、ボランティアで請け負うのも一案です。

準備

事前の言葉かけ例

- 「ぬいぐるみのほつれを直してほしいという依頼があっても、おもちゃドクターたちはできないそうなんです。子育てで忙しいお母さんやお父さんに代わって、ぬいぐるみのほつれを直してあげたいという方がいれば、ぜひお願いしたいのですが」と、期待を伝えます。

- 希望者がいた場合、「子どもたちが喜びますよ！」とか「今度のおもちゃ病院の日には、おもちゃドクターかおもちゃナースとして参加してくださいね」と、期待している気持ちを伝えます。

事前にやること

- いつも依頼している「おもちゃ病院」の方々と、日時などを決めます。その際、「ぬいぐるみのほつれを直すドクター＆ナース」の希望者数などを伝え、進め方などを打ち合わせ

ておきます。
- 「おもちゃ病院」を開催する告知を行います（市役所などを通じて、地域内の幼稚園、保育園に告知）。その際「ぬいぐるみのほつれも直します」という告知文も追加し、アピールします。

用意するもの

- 修理受付用紙などは、「おもちゃ病院」の主催者側に用意してもらいます。
- 「おもちゃ病院スタッフ　〇〇（氏名）」と書かれた参加者の名札を用意しておきます。
- 「おもちゃドクター　〇〇（氏名）」「おもちゃナース〇〇（氏名）」として参加したい希望者用には、その名札を用意します。

※ぬいぐるみのほつれを直す際に使うものを用意します。
- 針
- 糸
- 布のはぎれ（いろいろな色）

当日、用意するもの

- 受付用のテーブル
- おもちゃドクターが修理するためのテーブルと椅子

導入の言葉かけ例

- 「今日は『おもちゃ病院』の日ですね。ぬいぐるみのほつれを直してほしいといった依頼があったら、〇〇施設（自分たちの施設名）のおもちゃドクターとナースの皆さんで直してあげましょう」と、期待している気持ちを伝えます。

1章 世の中の役に立ちたい系レク 3

時間	感情への働きかけ	効果
30分〜2時間程度 （時間内、自由参加）	○感謝される・期待に応える ⇒自己価値観の向上 ⇒喜び	○他者（子どもなど）との 　コミュニケーション ○機能性維持 　（修理などに携わった場合）

進め方

受付から受け渡しまでの流れは、「おもちゃ病院を開催」と同じですが、より積極的に仕事を担当してもらいます。

おもちゃドクター＆ナースとなった参加者が、できそうな簡単な修理があれば、お任せします。また、ぬいぐるみのほつれを直すなどの依頼に対応したい参加者には、それをお任せします。

お助けアドバイス

役割を果たしてもらうことが大切ですから、1人でできることはお任せします。けれども、できあがったときはもちろん、その過程でもタイミングを見て、参加者の仕事ぶりをほめる言葉かけをしましょう。

POINT

修理完了後は、関わった参加者から、子どもに直接手渡しできるようにします。直接、笑顔を見たり、感謝の言葉を聞くことで、自己価値観が高まり、喜びの感情が生まれます。

私たち「昔の遊び」の先生です

子どもの頃に楽しんだ遊びを、今でも覚えている参加者は少なくありません。中には「ベーゴマは誰にも負けない自信がある」など、"昔の遊び"を得意としている人もいます。一方、親世代から昔の遊びを教えてもらう機会があまりない今の子どもたち。そんな子どもたちに、昔の遊びを教えてあげられるのは、参加者世代だからできることです。

準備

事前にやること

- 近隣の幼稚園や保育園に、「昔の遊びを子どもたちに教えてあげる場を設けたい」と趣旨を伝え、協力を呼びかけます。
- 参加者にも、趣旨を伝えます。
- 「昔の遊びで得意だったもの・好きだったもの」を事前に聞きます。

事前の言葉かけ例

- 「皆さんが子どもの頃は、どんな遊びをしていたんですか」と問いかけ、昔のことを思い出してもらいます。

- あやとり、けん玉、ベーゴマなど、遊びの名前が出たところで、「今の子どもたちは、そういった遊びを知らないそうなんですよ」と、現状を伝えます。

- 「でも、遊びのおもしろさは、今も昔も変わらないですよねー」と、これからやることの必要性をアピールします。

- そのうえで「皆さんが知っている遊びを、子どもたちに教えてあげて欲しいんです。ぜひ、昔の遊びの先生になってください！」と、期待していることを伝えます。同時に「子どもたち、きっと喜ぶと思うんです」と、期待に応えられたうれしい状況をイメージできるような言葉かけをします。

- 期待していることを伝えてから、「道具などを用意したいので、得意だった遊びや好きな遊びを教えてもらえませんか」と依頼します。

用意するもの

- 参加者から聞いた「得意だったもの・好きだったもの」をもとに、道具などを用意します。

導入の言葉かけ例

- 参加者の自尊心が高まるように、「今日は○△幼稚園の子どもたちが、遊びに来る日です。皆さんがよく知っている『昔の遊び』を、一緒に遊びながら教えてあげてくださいね」と、教える立場であることをアピールします。

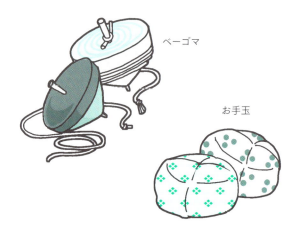

ベーゴマ

お手玉

※室内で遊べて、なおかつ危険のないものに限定。
例：あやとり、おはじき、お手玉、とんとん相撲、けん玉、こままわし、ビー玉、ベーゴマ、めんこ、まりつきなど

1章 世の中の役に立ちたい系レク

時間	感情への働きかけ	効果
30分～1時間程度	○感謝される・期待に応える ⇒自己価値観の向上 ⇒喜び	○想起 ○他者（子どもなど）との 　コミュニケーション ○機能性維持

進め方

参加者はそれぞれ、得意な遊びの先生役になります。子どもたちには、好きな遊びを自由に選び、いろいろ体験をしてもらいます。

お助けアドバイス

幼稚園・保育園の先生と協力して、子どもが均等にばらけるようにしましょう。

POINT

参加者同士で遊ぶのとは違い、「教える」ことで自尊心が高まり、自信が育まれます。

手作りおもちゃをプレゼント①
お手玉

昔は、遊びで使うおもちゃも手作りしていました。参加者の中には、作り方を覚えている人もいると思います。そこでおもちゃを手作りし、それらを近隣の幼稚園、保育園、養護施設などにプレゼントします。今回は導入しやすい「お手玉」を例にあげました。

準備

用意するもの
※俵型お手玉を作るための準備
- 布（縦10cm×横16cm）
- 糸（布の色に近いもの）
- 針
- 小豆またはお米

導入の言葉かけ例

- 「昔は手作りのおもちゃで遊びましたよね。最近の子どもたちは、手作りのおもちゃに触れる機会が少ないようです。そこで、お手玉を作ってプレゼントしましょう」と、これからやることの趣旨を説明します。

- 「プレゼントするときには、子どもたちにお手玉のやり方を教えてあげてください。子どもたち、楽しみにしているみたいなんです」と、期待されていることを伝え、モチベーションアップを促します。

お助けアドバイス

作り方を知っている参加者には、好きなように作ってもらいます。作り方が分からないけれどやってみたいという参加者には「私たちがフォローしますから、安心して参加してくださいね」と伝え、サポートしましょう。

1章 世の中の役に立ちたい系レク 5

時間	感情への働きかけ	効果
〜2時間程度 (複数回に分けて実施)	○感謝される・期待に応える ⇒自己価値観の向上⇒喜び ○自分で作る⇒達成感⇒喜び	○想起 ○機能性維持 ○集中力

作り方

1 表面が見えるよう布を置き、布を横半分に折ります。

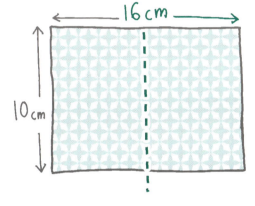

> **お助けアドバイス**
> 用意する布は、できれば参加者世代になじみのある木綿がおすすめです。その手触りから、昔作ったことや遊んだことを思い出しやすくなります。

2 重ねた端の部分を縫います。

3 下の口の部分を、端からあいだをあけて、一周縫います。

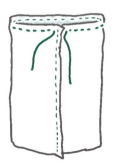

> **お助けアドバイス**
> 針と糸を扱うのが難しい状態であっても「自分で作りたい」と主張する参加者もいます。その意思を尊重することを最優先に、手を添えるなどして作業をフォローしましょう。

4 糸を引っ張って布を絞り、糸を縫った部分に2〜3周ぐるぐると糸を巻きつけます。巻き付けた中心の部分に針を通し、糸を止めて切ります。

5 布を表に返し、布の中に小豆（またはお米）を入れます。入れる量は、半分より少し少な目が目安です。

> **お助けアドバイス**
> お手玉の中に入れる材料は、地域や時代によって違いがあるそうです。また形も俵型の他に座布団型や、きんちゃく袋のような「かます型」などがあります。参加者に聞いてみると、そこから話が広がるかもしれません。

6 小豆を入れたら、先ほど縫ったところを目安にして、縫いしろを内側に折り込みます。糸を引っ張ると布が絞られます。

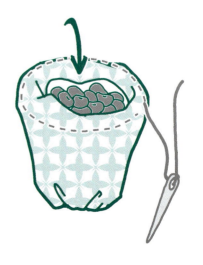

7 口が開かないように何度か縫って止めたら完成。

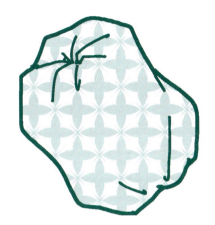

> **お助けアドバイス**
> 遊ぶときの歌も、地域や時代によって違いがあります。例えば地域によっては、同じ歌でも歌詞が微妙に違うことがあるようです。
> お手玉で遊ぶときの歌の例…「あんたがたどこさ」「一番はじめは」「一かけ二かけ」「日露戦争」など。

> **昔からのお手玉の遊び方**
> お手玉遊びと言えば、「利き手でお手玉を空中に投げて、もう一方の手でキャッチする」という動作を繰り返す「縦まわし」が知られています。使うお手玉の数が2個、3個…と、増えるごとに難度が上がります。またこの動作を、片手で行う「片手まわし」という遊び方もあります。
>
> 他にも…
> - 数人で輪になり、「あんたがたどこさ」を歌いながら、歌詞の「さ」のとき隣りの人にお手玉を回します。
> - 「もしもしかめよ〜♪」で始まる「うさぎとカメ」の歌に合わせて、2人1組で遊びます。
> - 4〜5個を使う「よせ玉」という遊び方もあります。「おひとつおひとつ」の歌に合わせて遊びます。
>
> ※ 呼び名や歌、遊び方は、地域によって異なります。

> **POINT**
> できれば、参加者から子どもたちに直接プレゼントし、その場で遊び方を教えてあげる場を設けます。教えることで自己価値観が高まりますし、子どもたちの喜ぶ姿を見ることは、参加者に喜びをもたらします。

手作りおもちゃをプレゼント②
端材で作る積み木

木製品を作るとき出る端材は、ホームセンターなどで比較的安価で販売されています。小さいサイズの端材が袋詰めされたものを上手に活用すれば、ノコギリを使わず、そのままの形を活かして積み木が作れます。ヤスリがけ作業は時間をかけててていねいに行うので、単純作業が好きな人におすすめです。

準備

用意するもの

- 木の端材
- 紙ヤスリ
- 布（木の粉を拭く用）
- オリーブ油（または蜜ろうワックス）
- 布（オリーブ油を塗るとき）

お助けアドバイス

端材と言っても、大きさはいろいろあります。下のイラストのような、小さくカットされた状態の端材を選ぶと、ノコギリを使わなくても、積み木を作ることができます。

手のひらに乗るくらいのサイズにカットされている端材

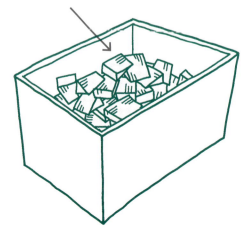

導入の言葉かけ例

- **「木の端材で積み木を作って、子どもたちにプレゼントしたいと思います」** と、趣旨を伝えます。

- **「このままだと危ないから、トゲが刺さったりしないように、紙ヤスリでていねいに磨かなければいけません。けっこう時間のかかる作業ですが、きれいに磨かれた木は温もりがあって気持ちいいから、子どもたちも喜んでくれると思うんですよ」** と、喜ぶ子どもの姿をイメージできるような、言葉かけをします。

- 参加者世代にとって、木製のおもちゃは懐かしいものの1つです。**「皆さんが子どもの頃は、木のおもちゃがいろいろあったんですよね。どんなおもちゃがあったんですか？」** と問いかけて、想起を促します。

- 「子どもの頃、自分で作った」という話が出てくるかもしれません。**「すごいですね。○○さん、作ったんですか！」** と、興味をもって話を聞いていることが伝わる言葉かけをして、気持ちよく話を進めてもらいます。

お助けアドバイス

話すうちに、「昔作ったことのあるおもちゃを、もう一度作ってみたい」という意欲が生じる参加者がいるかもしれません。そうした参加者の声から、新たなレクリエーションが生まれます。

1章 世の中の役に立ちたい系レク 6

時間	感情への働きかけ	効果
〜2時間程度 （複数回に分けて実施）	○感謝される・期待に応える ⇒自己価値観の向上 ⇒喜び ○自分で作る⇒達成感⇒喜び	○想起 ○機能性維持 ○集中力

作り方

1. 紙ヤスリでヤスリがけをし、角を取って、表面をなめらかにします。木のささくれなどがあるとケガをしてしまうおそれがあるので、ていねいなヤスリがけは必須です。

2. ヤスリがけが終わったら、絞った布で木の粉を拭きとります。

3. 子どもが口に入れてしまう可能性もあるので、塗料にはオリーブ油を使います。布にオリーブ油を少し付けて、木の全体にまんべんなく塗ります。

> **お助けアドバイス**
> オリーブ油を塗ると、木の種類によって色の違いが出てきます。さらに色を付けたい場合は、蜜蝋（みつろう）クレヨンのような口に入れても安心なものを使いましょう。

4. 乾いたら完成。

> **POINT**
> 単調な作業が続くので、「きれいに仕上がってきましたね」「お上手ですね」など、仕事ぶりをほめるような声かけを忘れないようにしましょう。

27

番外編

子どもと外遊び

子どもたちとの交流で外出できる機会があれば、近くの公園などで「草花遊び」を教えてあげるレクリエーションもおすすめです。

春　シロツメクサで作る花冠(はなかんむり)

春になると、公園などで白い花を咲かせるシロツメクサ（クローバー）。四つ葉のクローバーでも知られていますが、冠(かんむり)や指輪といったアクセサリーは、今の子どもたちにも喜ばれるアイテムです。

作り方

1. 1本目の茎に2本の茎を交差させます。

2. 1本目の茎のところを、2本目の茎でくるっと巻きます。

3. 3本目も同じように、くるっと巻きます。

4 1から3を繰り返して、長くしていきます。

5 長い花の束ができたら輪にし、まとめる用の1本を用意して結びます。

6 長くはみだした茎は、輪の中に入れ込みます。

7 完成。

番外編

夏　笹舟を作る

都心では笹を見かけなくなりましたが、七夕飾りのために笹を用意する介護施設や幼稚園などは少なくありません。そこで、使い終わった笹で、子どもたちに笹舟の作り方を教えてあげます。たくさん作って競争するのも楽しいです。

笹の葉

作り方

1 笹の葉を1枚用意。

2 上の部分を手前に折ります。

3 折った部分に、切れ込みを2カ所入れます。

4 左側の部分を、右側に折り込みます。

5 上下をひっくり返します。

6 反対側も同じように、2カ所を切って、左側の部分を右側に折り込みます。

7 完成。

Column

他にも…

茎がしなやかで強いオオバコを使った草相撲は、男女問わず楽しめます。人数が多いときは、トーナメントを取り入れると盛り上がります。

秋　どんぐり笛を作る

子どもたちが拾い集めて来たどんぐりを使って、おもちゃを作ってあげます。できあがったおもちゃをプレゼントする際、遊び方を教えてあげれば交流を深めることができます。

用意するもの

- どんぐり※おもちゃを作る前に、5〜10分ぐらい蒸して殺虫処理を行います。
- マイナスのドライバー
- つまようじ
- 紙ヤスリ
- 毛糸

作り方

1 紙ヤスリでどんぐりの下の部分を削ります。

2 マイナスのドライバーを使って、中身をかき出せるように穴をあけてから、少しずつ中身をかき出します。全部かき出せたら完成。

3 3〜5つくらいを連ねて、毛糸などで巻いて完成。

どんぐりの大きさで音色が変わるんですねー

アレンジ例　Column

その他、キリで穴をあけたところにつまようじをさし、つまようじを適当な長さにカットすれば、どんぐりコマの完成。どんぐりに、子どもたちに好きな絵や顔を描いてもらい、楽しんでもらうこともできます。

施設事例

「働きたい」という"思い"に応えた
デイサービス

東京都町田市にあるデイサービス「DAYS BLG！」は、利用者のほとんどが認知症の方々です。ここでは、利用者が「仕事をして報酬を得る」という"働く"取り組みが実践されています。その原点にある利用者の"思い"を実現させたプロセスから、学べることがいろいろありました。

お話をうかがった方
NPO町田市つながりの開「DAYS BLG！」
代表
前田隆行さん

社会との接点をどう見つけるか

2011年に、介護保険サービス利用中のボランティア活動に対して、報酬が支払われることが認められました。その起案者となったのが、「DAYS BLG！」の代表を務める前田さんです。

「メンバー（※「BLG！」では利用者をメンバーと呼ぶ）さんから『働いて、社会ともう一度つながりたい』という言葉を耳にしたとき、仲間として"思い"を形にするにはどうすればいいのか考え始めました」

行動を起こしてから厚生労働省に認められるまで、5年の歳月がかかりました。一方で、仕事を探そうと地元企業に声をかけると、人材不足に悩んでいるところは多く、カーディーラーでの洗車やポスティングなどの仕事を、継続的に得ることができました。

「大手企業が集まる異業種交流会に出向いてみると、『自社のお得意様が認知症になったらどうすればいいのか』など、認知症を課題としている企業があることに気づきました。それをきっかけに、『何ができるか』という入り口探しではなく、『今、企業は何に困っているのか』という解決策を考えることから、仕事のニーズが見つかるのではないかと思うようになりました」

そして、文具メーカーから依頼を受け、メンバーさんたちが商品開発に関わるようになりました。一度つながると広がりが生まれ、複数の大手企業からこうした依頼を受けているそうです。

「メンバーさんたちは、仲間がいるから仕事を楽しめるんですよね。根底にある"仲間がいるから"という気持ちを忘れてはいけませんし、精神的な負担をかけないように、その日の気分で取り組みたいも

のに取り組めるような仕組みづくりも不可欠です」

　大切なのは本人の気持ち。謝礼をもらいたいのか、単に役に立ちたいのか、それを理解することが出発点ですと前田さんは語ります。

「人生は選択の連続ですよね。認知症の方も同じですし、選択できないわけではないんです。イメージしやすいことで選択できるようにする、その環境づくりが大事だと思います」

洗車の有償ボランティアをしているメンバーの方々。

認知症フレンドリージャパン・イニシアチブ（DFJI）のプロジェクトで、国際交流。活動はインターナショナルに広がりを見せています。

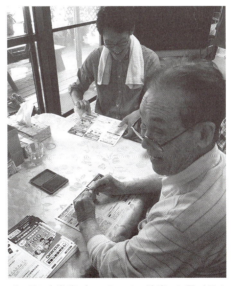

ボードに自動車ディーラーでの洗車、お昼ごはんの買い物、午後のデザート作り……など、その日に行う選択肢が書かれており、その日の気分にあったものを自分で選びます。写真は、保険代理店のパンフレットにゴム印を押しているところ。

Column Vol.**2**

期待通りにできなかった参加者への対応

実現したかったことを"聴く"

　「こんなことをやってみたい」という、自分が描いていたイメージ通りの役割を任されたとき、ワクワクした気持ちがわき出る一方で、「自分にできるだろうか」という不安が生じます。

　周囲は、参加者が期待通りにできるように促すことが大事ですが、それでも失敗したりうまくできないことはあります。そんなときは、まず、当事者である参加者に、「実現したかったこと」を話してもらうことが大事です。相手の気持ちを受け止め理解することは、「相手が今、どんな感情をいだいているのか」を知ることでもあるからです。

　「〇〇ができればよかったですね。勝ちたかったですね」

　「あのときに〇〇をやれば、よかったですね」など、相手が話してくれた「実現したかったこと＝期待」を、反復して言葉にし、そして伝えます。すると、「分かってもらえた」という気持ちになり、落ち着いてきます。

　また、どのような「期待」を持っていたのかを聞く際には、会話の中に出てくる「感情言葉（感情や葛藤を表す言葉や言い方）」に着目してみると、相手がどのような期待を持っ

ていたのかを理解しやすくなります。

同調する言葉があると、相手の気持ちは落ち着く

　中には、ちょっとしたことでも大騒ぎしてしまう人がいます。いわゆるキレやすい人は、実はささいな刺激にも反応する傷つきやすい人なのです。ですから、「落ち着いてください」「怒らないでください」と指摘すれば、よけいに傷ついて、いっそう興奮しかねません。

　では、どう対処すればいいのでしょうか。渋滞で怒り出すドライバーの例を参考に見てみます。

　ドライバーは、同乗者に「お前が、サービスエリアでコーヒーを飲んだから、渋滞にはまったんだ」と、怒りをぶつけてきました。この場合、根本的な原因は「渋滞」ではありません。「渋滞したために、約束の時間に遅れてしまう」ことです。けれど、冷静さを失って腹を立てているうちに、いつの間にか怒りの矛先が、同乗者にすり替わってしまったのです。

　こうした場面では、「待ち合わせに遅れたら、本当に困りますよね」と、同調する言葉かけが、落ち着きを取り戻すきっかけになります。

2章

学びたい系レク

年齢に関わらず、「学びたい」「知らないことを知りたい」という気持ちはあるものです。学ぶ楽しみを味わってもらいながら、生きがいの創出も目指します。

"学びたい"期待と
レクリエーションの可能性

学びたいというニーズがある

　認知機能の低下に伴い、学習意欲が低下するわけではないはずです。実際、「学びたい」という学習意欲や、「知りたい」という知的好奇心が旺盛な高齢者はたくさんいます。その一方で、生涯学習などに参加する機会がないのであきらめたという話を、耳にすることがあります。

　そうした「学びたい」ニーズに応えることでも、介護レクリエーションの満足度を高めてもらうことができます。

脳が活性化すると活動的になる

　人間の脳は、生涯にわたって学習し、知識を増やし続けることが可能だと言われています。

　人間は、新たな情報に接すると、脳内の前頭前野や扁桃体、海馬が刺激を得ます。意欲の中枢である視床下部も、刺激されます。脳の機能が高まるわけですから、学習することは脳の活性化につながります。そうなると、活動的にもなるので、行動範囲が広がり、人との交流も増えてきます。

　高齢者にとって、学ぶことは様々なメリットをもたらすと言えるのです。

世の中から出遅れたくない意識

　高齢者が学びたいと思う理由の1つには、知識を得ることによって、世の中から出遅れたくないという気持ちがあります。また、集団として学ぶことで、出会いを大切にし、学ぶことを通じて人間関係を深めていきたいという願望がある人もいます。

　介護レクリエーションを提供・実施する際には、こうした参加者の気持ちも念頭に入れておくと、より一層期待に応えられることができるようになります。

　また、学ぶというスタイルにこだわらなくても、仲間や社会との関わりを通じて影響を受けるなど、"学習"できることがあります。こうした機会を設けることでも、学ぶ楽しみを実感してもらえます。

"学校"を演出する工夫

　施設事例で紹介するデイサービス『おとなの学校』のように、"学校"を回想できる空間創りをするといった工夫も大切です。その他、学校の単位取得のようなポイント制にしたり、レクリエーションの名称を「〇〇講座」としてみるなどの工夫だけでも、印象を変えることができます。

「回文」教室
かいぶん

回文は、上から読んでも下から読んでも、同じ読み方になる文のことです。昔からある言葉遊びですが、脳の活性化に効果的とも言われています。また参加者の中には、仕事で企画立案などに携わっていた人や、読書が趣味という人もいると思います。そうした、文章に触れたり考えたりするのが好きな人には、回文のような言葉遊びは、やってみたいレクの1つになると思います。

準備

用意するもの
- 回文の例題を用意しておきます。

当日、用意するもの
- 紙
- 筆記用具
- 例題を書いた紙

お助けアドバイス

回文は、5文字、7文字、9文字など、奇数のほうが作りやすいと言われています。また、昔から「七五調」と言われるように、5文字、7文字には、耳に入りやすい独特のリズム感があります。例題を紹介する際には、5文字、7文字の分かりやすいものを選んで、声に出して読みます。そうすると、より理解しやすくなります。

導入の言葉かけ例

- **「上から読んでも下から読んでも、同じ読み方になる文のことを『回文』と言うそうです」** と回文の意味を説明します。

- **「新聞紙＝シンブンシ」「竹屋が焼けた＝タケヤガヤケタ」** と書いた紙を見せながら、**「例えば『シンブンシ』は下から読んでもシンブンシですよね。あと『イカタベタカイ』も、下から読んでもイカタベタカイになります」** と例をあげて、理解を促します。

- **「頭の体操にもなるので、みんなで作ってみましょう」** と効果を伝え、モチベーションアップを促します。

2章 学びたい系レク 1

時間	感情への働きかけ	効果
30分〜1時間程度	○自分に対する期待の実現⇒ 自己価値観の向上⇒喜び	○脳の活性化 ○集中力

進め方

1 回文の例をいくつか紹介します。その際、参加者が目で確認しやすいように、カタカナでも書くようにします。

回文の例

この子どこのこ子	⇒	コノコドコノコ
皆花見	⇒	ミナハナミ
世の中ね、顔かお金かなのよ	⇒	ヨノナカネカオカオカネカナノヨ

2 一部分を空白にした回文を見せて、空白に入る言葉を考えてもらいます。

言葉かけ例

「『イカ』を下から読むと『カイ』ですよね。イカとカイのあいだに入る言葉をみんなで考えてみましょう」

お助けアドバイス

空白に入れる言葉を考えるという練習を、何度かやってみます。慣れてきたら、ぜんぶ自分で考えることに挑戦します。

POINT

「回文を作ってみたい」という自分に対する期待が実現できれば、喜びの感情が生まれます。参加者の回文ができたときには、「これは、おもしろいですね！」と、ほめる言葉をかけましょう。そうすると、喜びの感情がより高まります。

読み聞かせレッスン

近隣の幼稚園や保育園、託児所の子どもたちに向けて、「絵本の読み聞かせ会」を企画することがあります。「やりたくない」と尻込みしてしまう人がいますが、本音は「本当は行きたい。でも上手に読める自信がない」という気持ちなのかもしれません。レクリエーションを通じて、そうした不安感を軽減し、やりたいことに自信を持ってチャレンジしてもらえるようにサポートします。

準備

用意するもの

- 読み聞かせに使う絵本を、数冊用意します。
- 読み聞かせの絵本を選ぶ際には、訪問先の幼稚園、保育園、託児所などの先生方に、おすすめをアドバイスしてもらいましょう。

絵本の例

4〜6歳

『さるかに合戦』『ももたろう』などの昔話シリーズ、『おおかみと七ひきのこやぎ』などのグリム童話、その他『ともだちっていいな』『はじめてのおつかい』など。

3歳前

『いやだいやだ』『うしろにいるのだあれ』『しゅっぱつしんこう』『だるまさんが』『のりものいろいろかくれんぼ』などの他、『ぐりとぐら』シリーズなど。

お助けアドバイス

参加者世代にとっては、なじみがあるのは昔話シリーズだと思います。そうした親しみやすい内容のものは、やはり読みやすいので、選んでおきたい絵本です。一方で、「この機会に、最近の子どもたちが好んで読んでいる絵本を知りたい」と思っている参加者がいるかもしれません。そうしたいろいろなニーズに応えるためにも、最初の段階では多様な視点で、絵本を選ぶ方法もあります。

導入の言葉かけ例

- いきなり読み聞かせの練習をするのではなく、「今度、保育園に行って、子どもたちに読み聞かせをしてあげることになりました。子どもたちは、絵本の読み聞かせの会を、とっても楽しみにしているそうなんです！」と、期待されていることを伝えます。

- 「子どもに絵本を読んであげたいけれど、上手に読む自信がない……」と不安を抱く参加者もいます。そこで、「子どもたちは、好きな絵本を読んでもらえるのが何よりうれしいんですって。だから、上手に読んでもらえるかどうかは、あまり関係ないらしいんです」といった、不安軽減につながるような言葉かけをします。

- 「保育園の先生にうかがって、最近の子どもたちに人気の絵本を何冊か用意しました。手に取って、『読んであげたいなー』と思う絵本があったら、自由に選んでください」と、意思を尊重する言葉かけをします。

- 「ここにある以外で『こんな絵本を読んでみたら？』というおすすめがあれば、ぜひ教えてくださいね！」と、さらに意見をうかがうことでも、自尊心を高めてもらうきっかけが生まれます。

2章 学びたい系レク 2

時間	感情への働きかけ	効果
30分程度	○不安の軽減⇒期待感⇒楽しみ	○脳の活性化 ○想起

進め方

1 読み聞かせにおすすめの絵本を並べて、好きな本を自由に選んでもらいます。

2 「ゆっくり、はっきりと読むだけで、子どもたちは喜んで聞いてくれるものです。よかったら、声に出して読んでみてくださいね」と、読み方のコツをさりげなく伝えながら、行動を促します。

POINT
「上手に読めないから、やりたくない」と不安を抱いている参加者に対しては、まずは自信がない気持ちを受け止めます。それから、自信を失ったプロセスを理解しましょう。理解されたことで、不安は軽減していきます。

みんなで決める社会科見学

社会科見学を取り入れている介護施設はよくあり、人気の外出レクリエーションだったりします。このレクリエーションを実施するにあたっては、参加者から意見を出してもらったうえで行き先を決めることで、自主性が生まれます。

準備

事前にやること

- 社会科見学が可能なところをいくつかリストアップ。それぞれの特色や見どころを、把握しておきましょう。

用意するもの

- リストアップした内容は、大きな紙に書いておきます（説明する際に使用）。

導入の言葉かけ例

- 「〇月に『社会科見学』に出かけようと計画中です。見学可能なところを書き出したのですが、皆さんは、この中でどこに行きたいと思いますか？」と問いかけます。

- リストアップした見学先に、あまり興味を持たないケースもあるかと思います。その場合は、「どんなところに行ってみたいですか？」とみんなの意見を進んで聞き、意思を尊重するスタンスを伝えます。

お助けアドバイス

あらかじめリストアップした中から選んでもらうのではなく、最初から行ってみたいところを聞くやり方もあります。

2章 学びたい系レク 3

時間	感情への働きかけ	効果
30分程度	○ワクワク感⇒楽しみ ○自分の考えが言える・聞いてもらえる⇒自己価値観の向上⇒喜び	○自主性 ○責任感 ○社会見聞

進め方

それぞれの見学先の特色や見どころを伝えて、興味を誘います。そして、意見が出やすいように促します。

言葉かけ例

「パン工場では、最近人気の高級食パンの作り方が見学できます。テレビの情報番組で見たんですけど、高級志向のパンが最近人気らしいんですよ」

「○○放送局では、ニュース番組のセットとか、昔のドラマで使った大道具も見学できるそうです」

Column

社会科見学当日…

導入の言葉かけ例
「先日お伝えしたように、今日行くのは、皆さんの意見をもとに決まった『パン工場』です。理由で多かったのは『最近、高級食パンとか発売されているけれど、どんな材料でどんなふうに作られているのか見てみたい』ということでした。質問する時間もあるようなので、気になることは聞いてみましょう」

POINT

意見を出し合ううちに、「行ってみたい」という期待感が高まります。期待しているところに見学できれば、喜びや楽しみの感情が生まれます。

調理実習 季節シリーズ
「干し柿」

昔は、家庭でもよく手作りしていたものを、みんなで作ってみます。昔のことを楽しみながら思い出してもらうだけでなく、季節も感じてもらえるようにします。そこで、初夏は梅干しやラッキョウ漬け、秋から冬にかけては干し柿……というように、季節感のあるものを取り上げます。

準備

用意するもの
- 渋柿（30個）
- ビニールひも
- 包丁（または皮むき用の道具）
- 大きな鍋（お湯をわかす用）
- 物干しざお

導入の言葉かけ例

- 「渋柿を用意したので、みんなで干し柿を作りましょう。皆さん、作ったことはありますか。手作りはおいしいんですよね」と、想起のきっかけになるような言葉かけをします。

> **お助けアドバイス**
> 干し柿を作っている間、参加者が、思い出話を語れるような言葉かけを意識しましょう。

作り方

1 柿を用意し、皮をむきます。

2 ビニールひもを60〜70cmに切って15本分用意します。

3 2個で1組になるように、柿の軸に、ひもの両端を結びます。

2章 学びたい系レク

時間	感情への働きかけ	効果
1時間程度	○ワクワク感⇒楽しみ ○達成感⇒喜び	○想起 ○機能性維持 ○仲間とのコミュニケーション

4 熱湯で殺菌します。

5 柿どうしが触れ合わないように、物干しざおに吊るします。

6 天日干しで、約1週間～10日で完成。

手作りする米ぬかせっけん

米ぬかを使って、せっけんをみんなで手作りします。参加者世代にとって米ぬかは、掃除などでも使った身近なものです。昔どんな使い方をしたのかなど、思い出話をしながら、楽しく作業してもらいましょう。

準備

用意するもの

- 米ぬか　200g
- 水　600cc
- 重曹　20g
- スコップ
- 鍋
- 型

導入の言葉かけ例

- 「米ぬかは、ぬか漬けだけでなく、昔は洗剤代わりにも使っていたんですよね」と、参加者の想起を促しつつ、興味を持ってもらいます。

- 「米ぬかを使って、せっけんを作ってみようと思うんです。お肌がつるつるになるの、楽しみですね」と、使用する楽しみもアピールします。

2章 学びたい系レク 5

時間	感情への働きかけ	効果
1時間程度	○ワクワク感⇒楽しみ ○達成感⇒喜び	○想起 ○機能性維持 ○仲間とのコミュニケーション

作り方

1 鍋に水を入れて沸騰させ、重曹を入れて溶かします。

2 重曹が溶けたら、米ぬかを少しずつ入れて混ぜます。

3 ペースト状になったら、型に入れて乾燥させます。

4 数日置いて乾燥したら、使いやすい大きさにカットします。

> **お助けアドバイス**
> 保存料などが入っていないため雑菌が繁殖しやすいので、湿気の少ない冷暗所で保存しましょう。

POINT
どのようなものを作ってみたいか、参加者に意見を聞くことも大切です。みんなが作りたいものであれば、参加意欲が高まりますし、「作りたいものが作れた」という期待の実現を実感してもらうこともできます。

詐欺被害ストップ講座

参加者がそれぞれ役割を演じる「ロールプレイング」を取り入れて行います。身近な話題をテーマにすることで、現実感を高め、自覚を深めてもらうのが狙いです。

準備

事前にやること

- ロールプレイングのシナリオを、考えておきます。

用意するもの

- ロールプレイングで使う小道具（電話など）

導入の言葉かけ例

- 「最近この地域でも、振り込め詐欺の電話が増えているようです。実際に詐欺にあった人のほとんどは、『自分は絶対にひっかからない』という自信があったそうなんですよ」などと、身近な問題であることを伝えます。

- 「いざというときのために、みんなで練習してみましょう。顔に似合わず、まずは僕が悪役の詐欺をやりますね」と、楽しみながら参加できるような、トークや演出を心がけます。

2章 学びたい系レク 6

時間	感情への働きかけ	効果
1時間程度	○期待に応える⇒自己価値観の向上⇒喜び（ロールプレイング参加者の場合）	○仲間とのコミュニケーション ○学習能力 ○社会見聞

進め方

1. 「だまされてしまう例」をスタッフ2人（詐欺役と祖母役）で行います。

お助けアドバイス
演じる際は、大きな声で話します。そうすると、自然とオーバーリアクションになって、場も盛り上がりやすくなります。

シナリオ例
「おばあちゃん、助けて…（涙）」
「どうしたの？」
「誰にも言わないで…魔がさして痴漢しちゃったんだ…。でも、いい弁護士が見つかってね。示談金を払えば、警察に行かずにすむらしいんだよ。おばあちゃん、助けて！」
「なんてバカなことを…。いくら必要なの？」

49

2 だまされた祖母役のスタッフが、「私はだまされないと言っている皆さん、自分だったら、どうします？」と、意見を聞きます。

お助けアドバイス
この場で、意見を共有しましょう。そして、いい意見があったら、それをシナリオにしてロールプレイイングを行います。

3 スタッフがモデルとなったロールプレイイングが終わったら、場の雰囲気を見計らって「今度は、皆さんでやってみましょう」と投げかけてみます。

お助けアドバイス
あくまでも、目的は対処法を知ってもらうことです。ですから、やりたい人がいない場合、無理強いはせず、効果的な対処法を伝えて終わりにします。

2章 学びたい系レク

4 これで終わりにするのではなく、「いったん電話を切って、身内や警察に相談しましょう」と、必ず伝えます。

お助けアドバイス
身内や警察に相談する場面をロールプレイングで行うのも、おすすめです。

Column

その他の詐欺トーク例

「〇〇市役所の者です。医療費の払戻しの期限が今日までとなっています。以前に送った書類をお持ちなら銀行で手続きできますが、ないとATMでしかできません」
「宝くじの当選番号を教えるので、情報提供料として現金を送ってください」
「サイトの利用料金が未納ですが、滞納分を今すぐ払えば半額で済みます」

POINT
ロールプレイングをしてくれた人には、感謝の気持ちを必ず伝えます。感謝されることで役割を果たした満足感を得ることができ、喜びの感情が生まれます。

名画で語ろう

例えばゴッホの『ひまわり』や葛飾北斎の『冨嶽三十六景』など、有名な絵画作品を観て、感じたことをただおしゃべりする時間です。自分の考えを言葉にするツール（道具）として有名絵画を使えば、同時に知識を得ることもできます。また、名画を鑑賞しながら、さまざまな発想をすることによって、脳を鍛えることも期待できます。

準備

用意するもの

- 有名な絵画作品を用意します。（画集などを図書館などで借りておきます）

導入の言葉かけ例

- 「今日は、有名な絵画鑑賞をしますが、ただ観るだけでは肩が凝りますよね。だから、形が変だとかおもしろい顔しているとか、言いたいことをなんでも言って、日ごろのストレスを発散しちゃいましょう！」と、気軽に参加できるような言葉かけをします。

進め方

簡単な作品紹介をしてから、参加者が興味を持ちそうなネタや応えやすい問いかけをふって、発言を促しましょう。

言葉かけ例

「フランスのミレーという画家の『落穂拾い』という作品です。140年くらい前に活躍した人なんですって。日本でいうと江戸時代の終わり頃でしょうか。私、分からないんですけど。落ち穂って何のことでしたっけ？」

2章 学びたい系レク **7**

時間	感情への働きかけ	効果
30分程度	○思っていることを口にする ⇒爽快感⇒喜び	○想像力 ○仲間とのコミュニケーション ○ストレス解消

お助けアドバイス
「作家の生まれた国」「活躍した時期、日本は何時代か」「特徴（例えばミレーでれば『農民画家』として、農民の生活風景を描き続けた画家として有名）」といったポイントなどを会話の合間に伝えます。

POINT
「言いたいことを言えた」だけでなく、有名絵画をツールにしたことで、「絵画に関する知識を得た」ということでも満足感を得てもらうことを期待できます。

実験
使ってみました便利グッズ

生活に便利なグッズがいろいろある中で、高齢者におすすめと言われているものがあります。機能性維持につながるようなものを選び、実際に参加者に使ってもらいます。その使い勝手などについて、みんなで意見を自由に出し合います。

準備

用意するもの

- 便利グッズ
  ※今回の事例のように、小さなものであれば、同じ使用目的のものを2、3種類くらい用意して使い比べてみます。
- 使用する際に使うもの（今回はペットボトルを人数分くらい）

導入の言葉かけ例

- 「ペットボトルのフタを開けるとき、なかなか開かなくて苦労することってありますよね」と呼びかけ、興味を喚起します。
  「そんなときにあると便利な道具が、いろいろあります。今日は3種類用意しています。どれが使いやすいか、みんなで試してみましょう」とプレゼンし、説明します。

2章 学びたい系レク 8

時間	感情への働きかけ	効果
30分程度	○思っていることを口にする ⇒爽快感⇒喜び	○機能性維持 ○仲間とのコミュニケーション

進め方

1. ペットボトルのキャップを開けるための道具を、3種類用意します。
例：持ち運べるタイプ、マグネットで冷蔵庫に付けられるタイプ、ビンのフタを開ける機能も併せ持つタイプなど、機能が異なるもの

2. 準備していたペットボトルで、道具を使って自由に開けてもらい、使い勝手を検討してもらいます。

3. 最後に、一番使いやすかったものを挙手で決めます。
どこがどう使いやすかったのか意見交換をするなど、コミュニケーションを取る場も設けます。

POINT
可能であれば出てきた意見を、インターネットなどを通じて発信しましょう。自分の意見が社会に伝わりその反応が戻ってくることで、社会の一員としての存在感を得ることができます。

施設事例

空間全体で"学校"を
回想できる工夫

今までの介護にはない、学校スタイルのデイサービスを実施している「おとなの学校」。国語や算数などの「授業」という形で提供する介護レクリエーションを通じて、認知症の予防や症状緩和にも効果が現れているそうです。

お話をうかがった方
株式会社おとなの学校
代表取締役
大浦敬子さん

「学びたい」という意欲に応えたい

医師として活躍していた大浦さんは、20数年前、急死した母親に代わって実家が経営していた病院を継ぐことになりました。そこで、社会的入院※1の実情を目の当たりにし、「自分はこうはなりたくない。けれど、このままではいずれ自分も同じようになる」と危機感を抱き、理想とする介護施設を模索します。

「試行錯誤を重ねていたときに出合ったのが、学習療法でした。1回15分のプリント学習で、認知症の方が席に座って集中している姿を見て、デイサービスの仕掛け自体を学校にしてはどうかと思いついたのです。そもそも私自身、学校が大好きでしたから、『学校の空間が好き』という人は、ある一定数いるとも思いました」

そして誕生したのが「おとなの学校」というデイサービス。ここでは、黒板や時間割、チャイムの音など、空間全体で"学校の懐かしさ"を回想できる工夫がなされています。

30分の"授業"が、1日に4、5回行われ、教科書はオリジナル。回想法をコンセプトに作られているのが、最大の特徴です。

「この『おとなの学校』での成果をなるべく多くの方々にも知っていただきたいので、教科書という形にまとめて、これまでのノウハウを詰め込みました。今、ようやく全国300施設で導入され、毎日体感していただいています」と、大浦さん。

「認知症の方でも座っていられるのかとよく聞かれますが、皆さん座って熱心に授業を受けていらっしゃいますよ。目の前に先生がいると安心して『ここに座っていていいのだ』と思えるのでしょう」

誰にでも学ぶ意欲はあるのだから、「おとなの学校」では、今日は勉強になったという"知的好奇心"を満足させることもで

※1 医学的には入院の必要がないのに、家庭の事情や引き取り拒否などの理由により、病院で生活をしている状態。

きると話します。

「私たちが大事にしているのは、介護を受ける側の高齢者を、ちゃんとした大人だと認めること。高齢者だって学びたい、もちろん、認知症の方だって学びたいのです」

要介護4の方が、板書を書き写したもの。

皆さん、勉強熱心。介護認定3〜4の方が自ら車椅子を動かし、杖をついて教室に向かっている姿に驚かされます。

「学校」が再現されている空間。「おとなの学校」は心理的な「空気」「場の力」を上手く用いて、利用者の機能改善を図っているのが最大の特徴の1つです。

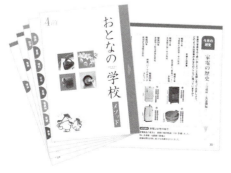

「おとなの学校」で使われる教科書は、編集のプロと介護のプロが協働で毎月制作。教科書は、回想法に基づく昔のものを主体に、季節感を意識した内容になっています。

Column Vol.**3**

相手のモチベーションに深く関係する「誰が何を言うか」

ほめ言葉は、心の「報酬」

心理学に「報酬と罰」というものがあります。例えば1時間、ある部屋で過ごすとします。Aの部屋では、自分が大好きな音楽を聞いて過ごせます。一方のBの部屋では、騒音だけしか聞こえません。どちらかを選ぶことができるならば、喜んでAを選ぶと思います。

もし、選ぶことができずBの部屋で1時間を過ごすようなことになったら、こんな苦痛は二度と味わいたくないという思いから、その場には近寄らなくなってしまうかもしれません。

この例で言えば、大好きな音楽が「報酬」で、騒音が「罰」です。そして人間関係で言えば、ほめることが「報酬」で、叱ることが「罰」にあたります。

人は、報酬のあるほうに動きますし、報酬が与えられると、「もっと欲しい」という気持ちが生じます。そして、意欲的に取り組むようになります。

反対に、罰を与えられると、避けたい・逃げたいという気持ちが生じます。罰を与えられ続けると、意欲がでないどころか、無気力になってしまいます。

声かけする人の印象も大切

相手の意欲を高めるような言葉かけをする際には、プラス面に目を向けることが大切です。思うようにできなかった人に対して、マイナス面に目が向いていると「〇〇がまだ、できないんですね」という言葉が、自然と出てきてしまいます。しかし、プラス面に目を向けるよう意識すれば、「前よりも〇〇ができるようになりましたね」という言葉が自然と出てくるようになります。

また、誰がどのように言うのかも、意欲を高めてもらうには重要なポイントです。そこで、気を付けたいのは、ファースト・インプレッション（最初の印象）です。

例えば、声をかける前に、相手を見て微笑みます。そして、声をかけるタイミングがあれば、笑みを浮かべたまま「こんにちは、〇〇さん」と、名前を呼びかけます。声をかけられない状況であれば、軽く会釈するだけでもよいです。これだけでも、その日のあなたの印象は、良い感じで伝わります。

こうしたちょっとした積み重ねが、好印象へとつながり、ひいては円滑なコミュニケーションをもたらしてくれます。

3章

おしゃれ系レク

おしゃれをすることは、心の若さを保つために効果的だと言われています。また、きれいになったり、かっこよくなって周りにほめられると、喜びの感情が生まれ、さらには自信がわいてきます。

"おしゃれをしたい"期待と
レクリエーションの可能性

ほめられる機会が増える

　「おしゃれをしたい」「きれいになりたい」という願望は、誰にでもあります。当然のことながら、高齢者も同じです。

　おしゃれをすることで、気持ちの面で若さや美しさを保つことができるのがその理由ですが、効果はそれだけではありません。周りから「〇〇さんは、年齢よりずっと若く見えますね」「その髪型、ステキですね」などと、ほめ言葉をかけられるようになります。そうしたほめ言葉を言われると、好評を得ているように思えて、自信がわいてくるのです。

男性だって、半数以上がおしゃれをしたい

　男性が、おしゃれに興味を持っていないわけではありません。内閣府が60歳以上の男女を対象に行った「高齢者の日常生活に関する意識調査　平成26年度」によれば、「おしゃれをしたい」と思っている人は全体の69％でした。男女別では、女性は80.2％、男性は57.2％です。

　つまり、半数以上の男性が、おしゃれをしたいと思っていることが分かります。そして、この傾向は、年々高まっていると推測されています。

"その人らしさ"にスポットをあてることができる

　同世代でも似合う服は人それぞれですから、ただ着飾るだけでなく、それぞれの良いところに着目することが、おしゃれ系のレクリエーションでは大切です。

　自分らしさ＝自分の良いところに気づくことは、気持ちを前向きにしてくれます。そこから、自信を得ることができます。

　おしゃれは自分らしさを表現することですから、介護レクリエーションをきっかけに、参加者が"自分らしさ"を見出せるようにしたいものです。

似合う色を再発見！

年齢を重ねるにつれ、グレーや茶色といった地味な色を選びがちになる人がいます。でも本音を言えば、それが自分の好きな色ではなく、「周囲の目を気にして地味な色を選んでいるだけ」という人も少なくありません。そこで周囲の目なんて気にせず、明るい色を存分に楽しんでもらう場を設けます。自分に似合う色が見つかれば、おしゃれをするきっかけにもなりますし、気に入った色をまとうだけでも気分が楽しくなります。

準備

用意するもの

- 大きめの鏡（または鏡のある部屋）
- 色布（ショールやマフラーのように巻ける大きさ）
- カメラ

下の色見本を参考に用意します。すべてそろわなくても、黄色、橙色、赤、紫、青、緑、黄緑くらいでOKです。

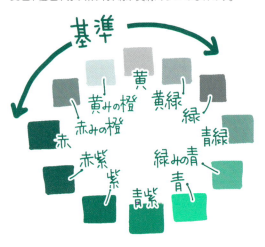

お助けアドバイス

カラーデザインやカラーコーディネイトの専門知識がある人に、ボランティアで依頼するのも一案です。

導入の言葉かけ例

- 「人にはそれぞれ、似合う色があるそうなんです」と、まずは興味を誘う言葉かけをします。

- 「私は『派手な色を着たら、笑われちゃうかなー』と思って、つい地味な色を選んでしまうんです。皆さんは、どうです？」と問いかけて、考える機会を提供します。

- 「明るい色を好んで着る」という意見が出たら、話してくれた参加者に「〇〇さん、いつもおしゃれにしていらして、選ぶ服もお似合いですよね」などと、肯定する言葉かけをします。一方「地味な色を好んで着る」という意見が出た場合、「〇〇さん、落ち着いた雰囲気でステキに着こなしていますよよね」などと、やはり肯定する言葉かけをします。肯定されると自己肯定感が高まりますし、そもそも発言したこと自体が肯定されたわけですから、積極的になるきっかけにもなります。

- 「いつもと違う色を身に着けるだけで、気分が変わったりしますよね。今日は、いろいろな色の布を用意したので、ちょっとまとってみませんか。もしかしたら、もっと似合う色が見つかるかもしれませんし」と、プラスのイメージがふくらむような言葉かけで誘います。

3章 おしゃれ系レク 1

時間	感情への働きかけ	効果
30分程度	○きれいになる⇒ 自信・自己充足感⇒喜び ○ほめられる⇒ 自己価値観の向上⇒喜び	○整容 ○仲間とのコミュニケーション

進め方

1 準備しておいた色布を並べます。

2 参加者に、布をショールのように巻いて試してもらい、さらに鏡で見てもらいましょう。

言葉かけ例

「ステキですよー。ちょっと鏡で見てみませんか」
「〇〇色も、似合うんですね」
「お顔の印象が、もっと明るい感じになりました」
など

お助けアドバイス

明るい色に抵抗感がある男性参加者の場合、明るい色でも落ち着きのある暖色系（からし色や赤茶色など）がおすすめです。

POINT

「こんな派手な色を身につけるのは恥ずかしい…」と言っている参加者には、「若々しいですよ！」「明るい印象になります！」といったほめ言葉を、積極的にかけましょう。

63

施設事例

ネイルアートで気持ちも前向き

福祉ネイルは、高齢者・障がい者に向けたネイルサービス。福祉ネイリストという職業を確立させたSMBA（一般社団法人シニアチャレンジッドメンタルビューティー協会）の理事長・荒木ゆかりさんは、「ネイルを塗ることは、認知症の改善に役立つと言われてきました。現在、吉備国際大学保健医療福祉学部・佐藤三矢准教授との共同研究で、その学術的検証が行われています」と話します。
ここでは、介護付有料老人ホーム「アライブ世田谷代田」の導入事例を紹介します。

お話をうかがった方
アライブ世田谷代田
ケアスタッフ 介護福祉士
川原裕子さん

福祉の知識もあるので安心

「福祉ネイル無料体験を試したところ、入居者の方々の反応が良かったので、毎月2回のペースで実施しています」と話す川原さん。

同施設では、ネイルを体験したことのない方がほとんどでした。けれども、ハンドトリートメントや爪のお手入れだけという利用もできるので、スムーズに体験できたそうです。

「ネイルアートをご利用された皆さんは、ネイルが仕上がったときに見せる表情がとても明るいんです。私たちスタッフが『きれいになりましたね』とお声がけすると、『娘にも見せたいわ』と笑顔を見せてくださって。中には『こんなにきれいにしていただいたのなら、外に出かけたい』と、外出の意欲が出る方もいらっしゃるんですよ」

同施設では、入居者のために、「きれいになるためのアクティビティを実施したい」と、考えていました。けれど、スタッフだけでは難しいのが現実だったと、川原さんは振り返ります。

「福祉ネイリストの方々は、福祉の知識もあるので、ネイルをしている間のコミュニケーションが上手。ですから、安心感があるので、継続して依頼することできます」

左から、福祉ネイリスト・白井妃早子さん。栃木小山校認定講師 大森康子さん。福祉ネイリスト・須藤ますみさん。

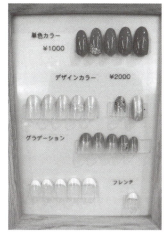

福祉ネイルのメニュー例。

カラーリングは1人10〜20分。すぐ手を動かせるようにとの配慮から、5分程度で乾く、速乾性の高いプロ仕様のものを使用。

ハンドトリートメントは約10分。男性の利用者も少なくありません。

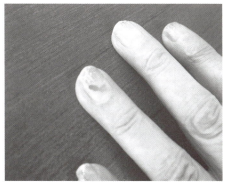

夏祭りのときには、写真のような金魚のネイルアート。季節感を楽しめるデザインは、参加者に人気です。

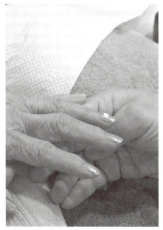

カラーはもちろん、「これを描いてほしい」というリクエストにも応えてくれることも、人気の理由の1つ。こちらの施設では、淡いピンク系のグラデーションを好む人が多いそうです。

福祉ネイルで心もおしゃれ

ネイルは、化粧療法と同じ効果があるとも言われています。きれいになって気持ちが前向きになるのはもちろん、スキンシップやコミュニケーションの機会を得ることもできます。ここでは、高齢者向けのネイルを専門に行っている「福祉ネイリスト」に依頼するケースを紹介します。

準備

事前にやること

- ネイルサービスを行う日時を、参加者に告知します。
- 希望者には、どのようなサービス（ハンドトリートメントのみかなど）を受けたいかを聞いて、福祉ネイリストに事前に伝えておきます。

当日、用意するもの

- 椅子とテーブル

※道具などは福祉ネイリストが持ってきてくれます。

導入の言葉かけ例

- 「〇〇さん今日はネイルの日ですね。どんなデザインにしてもらうか、もう決まっているんですか？」などと、楽しみにしている気持ちに共感するような声かけをします。
- 「前回のネイル、とってもお似合いでしたよ」と、以前の喜びの感情がよみがえるような言葉かけも、おすすめです。
- 「娘に見せたら、きれいねってほめられた」など、参加者からエピソードを聞いたら、「よかったですねー」と、共感する言葉をかけます。

3章 おしゃれ系レク 2

時間	感情への働きかけ	効果
参加者1人あたり10分～20分程度	○きれいになる⇒ 自信・自己充足感⇒喜び ○ほめられる⇒ 自己価値観の向上⇒喜び	○他者とのコミュニケーション ○整容 ○外出意欲

進め方

1. 参加者を誘導します。福祉ネイリストが進めてくれます。

> **お助けアドバイス**
> 「今日は、どんなデザインにするんですか？」と興味を持って声かけをしたり、ハンドトリートメントを受けている男性参加者には、「気持ちよさそうですねー」と、共感する声かけをしましょう。

2. 1人にかかる時間の目安は、ハンドマッサージ10分、ネイルデザイン20分です。

3. できあがり。次の参加者を誘導します。

POINT

ネイルの後は、「きれいですね！」「お似合いですよ」と、ほめる言葉をかけましょう。ほめられることで、喜びの感情がさらに高まります。

67

福祉ネイルのデザイン例

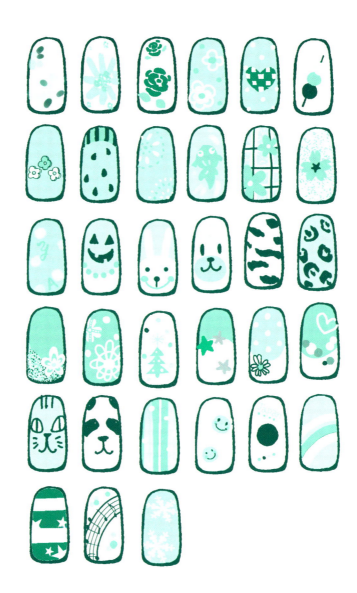

※資料提供　一般社団法人シニアチャレンジッドメンタルビューティ協会（SMBA）
　　　　　　栃木小山校　福祉ネイル認定講師　大森康子さん

福祉ネイルとは？

説明してくださった方
一般社団法人シニアチャレンジッドメンタルビューティ協会（SMBA）
栃木小山校
福祉ネイル認定講師
大森康子さん

　福祉ネイルは、高齢者や障がい者の方々を対象に、"癒し・笑顔・元気"を与える美容サービスです。手から手へ伝える安心感や、わくわくウキウキする気持ちを大切にすることで、利用者様の生活に彩りを添え、笑顔の連鎖を創り出しています。

　また、QOL（クオリティ・オブ・ライフ）の向上に視点を置いて支援していくことで、利用者様の生活の活性化を促し、予防介護に貢献したいとも考えています。

　福祉ネイルを実践する「福祉ネイリスト」は、SMBAの認定資格です。資格を取得するには、高校卒業以上であれば、男女問わず、またネイルの経験も問いません。けれども、高齢者や障がい者の方々とのコミュニケーションがとても重要な仕事ですから、ネイルの知識のみならず、福祉の知識もしっかり学ぶ一定期間の受講が必要になります。

　こうした知識を習得した福祉ネイリストは、ユマニチュードの包括ケアや回想法を交えながら施術を行うことができます。また、利用者様は「ネイルは初めて」という方が多く、どんなことをするのか興味津々で参加してくださいます。とはいえ、不安な気持ちになる方も、もちろんいらっしゃいます。その場合は、表情や言動に表れますから、施術中は利用者様の表情に変化がないか確認するよう心がけています。そして、動作と動作の度に、安心していただけるように、笑顔のお声がけをしています。

　利用者様と福祉ネイリストが1対1で向き合うことで、言葉を発しにくい女性が喜びを表現してくれたり、ユマニチュードの包括ケアや回想法を交えながらの施術により、心の安定につながったという施設からのご報告もありました。女性だけではなく、ハンドトリートメントを希望する男性も多く、「皮膚がやわらかくなって、いい香りがして気持ちいい」というお声もあります。

　また、季節のアートをすることで、ふだん施設からあまり外出されない方が、爪を見て季節感を感じてくださっているようです。他にも、「孫との会話が増えた」と嬉しそうにしている方や、「いくつになっても女性は、おしゃれをする楽しみがあるから、女性に生まれてよかったわ」と、毎月の訪問を楽しみにしてくださっている方もいます。

　こうした喜びの声が、私たちの活動の原動力になっています。

思い出の服ファッションショー

参加者に、自分が大切にしている服やお気に入りの服を着てもらって、ファッションショーを開催します。その際、スタッフもおしゃれをして、参加者をエスコートして盛り上げます。参加者は、きれい＆おしゃれになった自分を周りに見てもらい、ほめられることで、自信がよみがえってきます。また、思い出を語るきっかけも生まれ、想起を促すことにつながります。

準備

事前にやること

- 「思い出の服ファッションショー」の趣旨を説明します。
- 思い出の服（大切にしている服やお気に入りの服など）を持ってきてもらいたい旨を、伝えます。
- ご家族にも、開催することを伝えて、協力してもらいましょう。また、希望されるご家族には、当日、観客として来場していただけるようにします。

事前の言葉かけ例

- 「今度、皆さんがモデルでご登場いただく『ファッションショー』を開催しようと思っています。ショーでは、『思い出の服』を着ていただこうと考えているんです。だから、タイトルは『思い出の服ファッションショー』です！」と、趣旨を説明します。

- 「当日は、女性の方々には私たちがメイクをして、今よりさらにきれいになっていただきます！ もちろん男性の方々も、今よりさらにかっこよくなっていただきますよー！」と、当日の様子をイメージしてもらい、ワクワク感と安心感を誘います。

- 「実は当日、モデルの皆さんを、タキシードやドレスを着た私たちスタッフがエスコートするんです。みんな気合が入っているから、メイクとかやりすぎて、誰だか気づかなくなる

かもしれませんよー」と笑いを交えつつ、みんなで盛り上げる気運を伝えます。

> **お助けアドバイス**
>
> 「気に入っている服はあるけれど、特別な思い出があるわけでない」という参加者もいるかと思います。とはいえ、気に入っているのには、それなりの理由はあるもの。なぜ気に入っているのか、どんなときに着るのかなどを聞いてみましょう。質問に答えることで、その服に対する自分なりの思い入れが、整理されてきます。

用意するもの

- 観客席用の椅子
- 音楽（ショーを盛り上げるバックミュージックとして使用）
- レッドカーペット代わりの赤い布

導入の言葉かけ例

- 「モデルの皆さんは、あちらで準備を始めてください。今日は観客で応援してくださる皆さんには、お席を用意してあります」と、ファッションショーに参加しない人たちには、観客としての参加を促します。

> **お助けアドバイス**
>
> 観客の存在は、演出効果があります。何よりも観ている人がいるということは、モデルとして参加する人たちのモチベーションアップになります。

3章 おしゃれ系レク 3

時間	感情への働きかけ	効果
1時間以上	○きれいになる⇒ 自信・自己充足感⇒喜び ○ほめられる⇒ 自己価値観の向上⇒喜び	○整容 ○想起 ○仲間とのコミュニケーション

準備の進め方

1 赤い布を敷いて、両サイドに椅子を並べ、ステージを作ります。音楽の準備をします。

2 思い出の服を参加者に着てもらいます。

3 女性の参加者にはメイクをし、髪もいつもとは違うおしゃれな雰囲気に整えます。男性の参加者には、いつもとはちょっと違う雰囲気で、おしゃれっぽく髪型を整えます。

お助けアドバイス
メイクなどは、外部に依頼するやり方もあります。「プロの手で、きれいにしてもらった」ことで、特別感を味わってもらえます。

Column
"お化粧"がもたらす効果

女性にとって、メイクアップは大切なおしゃれの1つです。「化粧療法」と言われるものがあるように、メイクすることは、さまざまな効果があると考えられています。主なものに、「スキンケアで肌を清潔に保てる」「気分転換になる」「スキンシップを通じて、人とコミュニケーションが取れる」「きれいになった姿を見て、前向きな気持ちになる」などがあります。こうした効果をあらかじめ知っておくと、サポートがやりやすくなります。

ショーの進め方

1. スタッフは、司会と音楽進行をする人と、ショーに出る参加者のエスコート、観客席のサポートに分かれます。

2. 参加者の人数が多い場合は、4〜6人で1チームになり、1チームがモデルになっている間は、他のチームの人たちは観客席で見ている、という段取りで進めます。

3. ショーには出たくないけれど観たいという人たちは、観客席に座ってもらいます。

4. 始まる前に、スタッフが歩き方のお手本を見せます。

> **お助けアドバイス**
> 「お手本を見せる」という理由で、参加者の緊張をほぐす時間を設けます。モデル歩きをしたり、決めポーズをとったりして、みんなの笑いを誘います。笑いが出ると、場の雰囲気も和やかになります。

> **お助けアドバイス**
> 観客席にいる参加者が、退屈しないようにしましょう。例えば、「モデルさんが登場したら、拍手で迎えてあげましょう。では、ちょっと拍手の練習をしてみましょうか」といった声かけをすれば、ファッションショーへの興味喚起にもなります。

3章 おしゃれ系レク

5 ファッションショーのスタート。「いよいよ『思い出の服ファッションショー』を開催いたします！観客席の皆さん、モデルさんたちを拍手で迎えましょう！」と、拍手をして盛り上げます。

6 「最初にご登場するのは、○○さんです！」と明るく言って、拍手をします。スタッフにエスコートされた参加者が登場します。

7 司会者がモデルとして登場した参加者に、服の思い出にまつわる話を聞きます。

例
スタッフ「○○さん、かっこいいジャケットですね！どんな思い出があるんですか」
参加者「自分へのごほうびに買ったんですよ」
スタッフ「自分へのごほうび、わぁ、いいですね！なんのごほうびだったんですか？」
参加者「特に何ってわけじゃないけど。学生時代、このブランドのツイードのジャケットにあこがれていて。でも、お金がなくてね。子育てが一段落した50歳くらいのとき、頑張ってきた自分へのごほうびに買ったんです」
スタッフ「今でもお似合いですよ！」

8 7の要領でモデルとして登場した参加者に、思い出を聞きます。

> **POINT**
> 直前になって恥ずかしくなってしまう参加者も、スタッフが手を取ったり腕を組んだりしてエスコートすることで、前に歩き出せます。そうして、人前に出て賞賛される経験は、大きな自信になります。

きれいになったら記念撮影！

レクリエーションでメイクやネイルをしてもらったら、誰かに見せたいと思う参加者もいると思います。そこで、そうしたレクリエーションを行った際は、記念写真を撮る場を設けるのも1案です。記念になるような写真を撮ることで「きれいになった自分を娘に見せる」などの目的意識が生じ、メイクやネイルのレクリエーションに参加することが、より楽しくなったりもします。ここでは、専門の方に依頼してメイクをした場合の事例を紹介します。

準備

事前にやること

- メイクを行う参加者に、後で撮影も行うことを伝えておきます。
- 可能であれば、ボランティアで引き受けてくれるような専門家に、撮影を依頼します。

用意するもの

- カメラ（カメラマンを外部に依頼しない場合）
- 撮影するためのワンコーナーを準備します。小さいテーブルにティーカップを用意するなど、雰囲気づくりをします。

> **お助けアドバイス**
> 写真を撮ってもらうのを楽しみにしている参加者には、どのようなシチュエーションで写真を撮りたいか、事前に希望を聞きましょう。実現したとき、喜びの感情が高まります。

事前の言葉かけ例

- 撮影をするとなると、心の準備が必要になります。メイクのレクリエーションを行う直前ではなく、前もって、写真を撮ることを伝えておきます。その際、「今度のメイクのレクリエーションのとき、お化粧をしたら、記念写真を撮りましょう。写真に撮っておけば、後でご家族に見ていただくこともできますよ」と言葉かけをして、きれいになった後の楽しみをイメージしてもらいます。

- 撮影を拒む人もいるかと思います。もちろん、無理強いするのはよくありませんが、拒む理由を聞いてあげることは大切です。話を聞いてもらった人には、「理解してもらえた」という気持ちがわいてきます。そこで、こうしたケースでは、「どうしてイヤだなって、思うんですか」と、やさしく言葉をかけます。そして、相手の言葉に耳を傾けましょう。

- 例えば、「緊張するからイヤ」という理由だったら、「緊張しなかったら、写真撮影をやってみたいなって思います？」と聞いてみます。

- 中には「緊張しないですむなら、撮ってほしい」など、マイナスの要因がなければ写真を撮ってほしいと思っている人もいます。そこで、本音を伝えてもらった場合は、「例えば、私と話をしているところを撮影するなら緊張しない？」と、どんな状況ならばマイナスの要因を軽減できるかを聞きながら、本人の希望が叶う着地点を見つけていきます。

3章 おしゃれ系レク 4

時間	感情への働きかけ	効果
参加者1人あたり15分程度（撮影）	○ほめられる⇒自己価値観の向上⇒喜び ○目的意識⇒ワクワク感⇒楽しみ	○整容 ○他者とのコミュニケーション

進め方

1 メイクの専門家に、メイクを進めてもらいます。

> **お助けアドバイス**
> 記念写真の撮影を楽しみにして、おしゃれをしてきた参加者もいるかと思います。その場合、「お洋服に合わせた、メイクにしてもらいましょうか」などと言葉をかけて、気持ちを盛り上げましょう。

2 メイクが終わった人から、準備していたスペースで撮影をします。

> **お助けアドバイス**
> 緊張してしまう参加者の気持ちをほぐすために、積極的に話しかけましょう。例えば、参加者が楽しみに観ているテレビドラマや、好きな俳優のことなどを聞いてみます。話すうちに緊張が和らぎ、表情もゆるんできます。

POINT

写真に残すことで、その写真を見る度に、うれしかった出来事を回想できます。また、写真を家族などに見せるという目標を持つことは、毎日の生活の張り合いにもつながります。

番外編 PART1

写真の撮り方

「写真を上手に撮ってあげたい」と思うあまり、考えすぎて失敗してしまうことがあります。そうした失敗を避ける方法の1つが、雰囲気の演出です。背景を工夫して雰囲気創りをするだけで、写真のクオリティを変えることができます。

日中の室内で撮影する場合は、自然光を利用するとやわらかい雰囲気の写真が撮れます。（撮影する際は、室内の電気は消します）。光が差し込む窓のそばに、椅子を移動させるだけでOKです。また、レースのカーテンを通すと、光をよりやわらかくすることができます。

何かやっているところを撮影する

「写真を撮ります」と伝えるだけで、緊張したり恥ずかしがってしまう人は少なくありません。そうしたケースを避けるため、例えばテーブルの前に座ってもらい、コーヒーを飲みながらふだん通りの会話をします。そうするうち、リラックスしてきます。こうした自然な状況をつくれば、自然な笑顔を引き出しやすくなります。

> **お助けアドバイス**
> 「質問に答えてもらう」というだけでは、緊張はなかなかほぐれないものです。そこで、ふだん通りの会話をすることを意識して、コミュニケーションを取りましょう。

緑を利用する

緑を背景にすると、人物が浮かび上がってきれいな写真になります。室内で撮る場合も、観葉植物などを入れると、雰囲気のある写真になります。

観葉植物を入れて。

真正面にこだわらない

身体を少し斜めにするだけでも、写真に動きが出て雰囲気が変わります。

身体全体を斜めにして顔はこちらに。

カメラ目線にこだわらず、自然体で。

身体は斜めでカメラ目線。

番外編 PART2

フォトフレームを作る

せっかく撮影した記念写真。「自宅に飾りたい」「離れて暮らしている家族にプレゼントしたい」と望む参加者もいるかと思います。そうした参加者の希望に応える、手作りフォトフレームの作り方を紹介します。

用意するもの
- 窓のある段ボール（10×10cm角で、中央を5×5cm角に切り抜いたもの）
- 台紙用の段ボール（10×10cm）
- 折り紙または布（12×12cm以上）
- リボンまたはひも
- カッター
- 両面テープ

> **お助けアドバイス**
>
> 自分好みのデザインで作ることができれば、達成感がより高まります。そこで、事前にお伝えし、どのようなデザインや色合いで作りたいのか、希望をあらかじめ聞いておきましょう。希望をもとに折り紙や布を用意すれば、作る意欲も高まります。

作り方

1. 窓のある段ボールに、折り紙（または布）を両面テープで貼ります。はみ出た折り紙は裏側に折り返し両面テープで貼ります。

2. 窓の部分の折り紙は、窓枠よりも約1cm残してカッターで切ります。1cm残したところに斜めの切り込みを入れて内側に折り、両面テープで貼ります。

   ※場合によっては、カッターの作業はスタッフが代わりに行います。

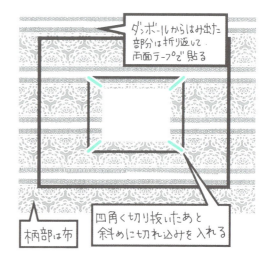

3 写真をセットします。

> **お助けアドバイス**
> 例えば、家族にプレゼントをしようと思っている参加者の場合、家族が喜ぶところを想像するだけでワクワクした気分になると思います。「息子さん、〇〇さんがステキに写っている写真と、手作りしたフォトフレームをもらったら、喜ぶでしょうね！」などと、プラスのイメージがふくらむような言葉をかけましょう。

4 台紙用の段ボールを合わせて、両面テープで固定し完成。

> **お助けアドバイス**
> 作るのに時間がかかって、時間内に完成できない人もいると思います。その場合、例えば「別の機会に時間を設けてもらって、最後まで自分で作りたい」という人がいれば、「どうしても今日中に作りたい」という人もいます。そうした参加者の気持ちを聞ければ、その場でのサポートもスムーズになります。

5 吊るして飾る場合は、台紙用の段ボール側に、吊るすためのリボンやひもを両面テープで付けます。

Column Vol.**4**

会話が弾まないときは、質問を工夫してみる

質問の仕方は、大きく2つある

コミュニケーションを取りたいと思っていろいろ話しかけても、話が弾まないことがあります。そんなとき、気持ちよく話してもらうコツの1つに、質問の仕方があります。

質問の仕方には、大きく分けて、「クローズド・クエスチョン（閉じた質問）」と、「オープン・クエスチョン（開かれた質問）」があります。

簡単に言うと、クローズド・クエスチョンは、「昨晩は、よく眠れた？」のように、イエス・ノーで答えられる質問です。気軽に答えやすいというメリットがありますが、会話が単調になる可能性があります。

一方、オープン・クエスチョンは、「昨晩の眠りは、どうだった？」のように、自由に答えられる質問のことです。この質問は、自分が思っていることを何でも話せるというメリットがあります。その反面、何を話せばいいのか戸惑ってしまい、そのため会話する意欲が失せる可能性があります。

そこでおすすめなのが、クローズド・クエスチョンとオープン・クエスチョンを組み合わる方法です。最初のうちは、イエス・ノーの

2択で答えやすいクローズド・クエスチョンで問いかけます。そして、相手の気持ちがほぐれるように、会話にリズムを作ります。

相手の表情を見て、緊張がほぐれてきたようであれば、オープン・クエスチョンを少しずつ投げかけます。会話が続くうちに、打ち解けた雰囲気になっていきます。

傾聴のポイントは受容と共感的理解

カウンセリングにおけるコミュニケーション技能に、「傾聴」というのがあります。傾聴のポイントの1つは「受容」です。会話する際には、相手の言うことを無条件に肯定的に受け止め、そして関心を持ち続けることです。

もう1つは「共感的理解」です。ここでいう共感は、相手が喜んでいるときにいっしょに喜んだりすることではありません。喜ぶことがその人にとってどのような意味があるのかを理解し、その人が抱いている気持ちや感情を、その意味と共に味わうことです。そのうえで、相手の感情を通して、相手の立場に立って埋解するのが「共感的理解」です。

「受容」と「共感的理解」、この2つを意識して実践することで、傾聴する力は高まります。

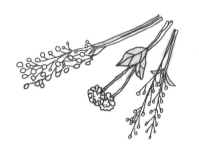 

おとなの趣味系レク

好きなことをしていると、「もっと上手になりたい」という意欲が生じます。それが実現すると、達成感はもちろん、周りの評価を得ることで自信が高まります。そうした感情への働きかけを意識して、"おとなの趣味"を考えてみました。

"趣味を持ちたい"期待と
レクリエーションの可能性

趣味を持つことは、人生の喜びを持つこと

　一般に「趣味」は、自分の好きなことをしたり、その物事を通して、味わいを感じ取ることを言います。

　おしゃれをするときもそうですが、趣味に没頭しているときには、脳の報酬系である線条体が震えています。報酬系とは、欲求が満たされたときや満たされることが分かったときに活性化し、快感を与える神経系のことです。

　線条体が震えているときは、心が快感で満ちています。ですから、趣味を持つことは、人生で喜びを持つことに通じるのです。

集中力アップにもつながる

　また、集中することによって、大脳にある大脳辺縁系の扁桃体や大脳新皮質の前頭葉などが、活性化されます。大脳辺縁系は、本能、喜怒哀楽、情緒などを司っているところです。大脳辺縁系の扁桃体が適度に活性化すると、前頭葉や側頭葉にも信号を送って、やる気と集中力を高める働きもします。つまり、感情を刺激することは、集中力アップにもつながります。

目標を設定する効果

　介護レクリエーションを通じて趣味に取り組む参加者の中には、「さらに上を目指そう」とか「目標を達成しよう」といった意欲を持つ人も出てきます。

　レベルアップが実現したり、目標が達成できると、周囲から一定の評価が得られるために、自信や意欲がわいてくるものです。できるだけ多くの人に、そうした感情が生まれやすいように、介護レクリエーションで何らかの目標を設けるといった工夫も大切です。

　ただし、あまりにものめり込んでしまうと、疲労感が増したり心身の不調が出てきたりしますから、セルフコントロールする力が求められます。セルフコントロールが難しい参加者に対しては特に、注意が必要です。

多様なニーズに応えるための新たな切り口

　好きなことは、人それぞれです。子ども扱いされるのが嫌だという理由で拒否する参加者も含めて、「自分の好きなことをやりたい」という期待に応えるには、従来とは違う切り口でレクリエーションを提案することも必要になります。

　実際、施設事例で紹介するデイサービス『ラスベガス』のような、大人の趣味を自分の意思で選択できるといった、今までにないやり方で成功している例もあります。

　また、参加者に「何をやりたいか」もしくは「どんなことをやってみたいか」を、聞いてみることも大事です。自分がやりたいと言ったことを実現してくれたのであれば、それが介護レクリエーションに参加するきっかけになります。

シルバー川柳で笑っちゃおう

高齢社会や高齢者の日々の生活などをテーマとしている「シルバー川柳」（公益社団法人全国有料老人ホーム協会が主催）の入選作品を参考に、シルバー川柳を作ります。脳の活性化につながりますし、仲間と笑い合うことで、楽しいひとときが生まれます。

準備

事前にやること
- お手本となる作品を「シルバー川柳」入選作の中から選んでおきます。
- 「健康」「人間関係」「食事」など、テーマがあったほうが考えやすいので、毎回テーマを決めておきます。

当日、用意するもの
- ホワイトボード
- テーブルと椅子
- 筆記用具

導入の言葉かけ例

- 「高齢社会や、高齢者の生活をテーマに作る『シルバー川柳』ってご存知ですか。今までは、『絵手紙で　いい味出してる　震える字』『補聴器を　はめた途端に嫁、無口』といった作品が入選しているんですよ」と、シルバー川柳のおもしろさを、入選作品を通じて伝えます。そして、興味を誘います。

お助けアドバイス
参加者が考えた「シルバー川柳」を、短冊などに書いてもらいます。それを施設内の壁に貼って、紹介するのも一案です。みんなで共有できますし、張り合いにもなります。

4章 おとなの趣味系レク 1

時間	感情への働きかけ	効果
30分程度	○自分に対する期待の実現⇒喜び ○笑い⇒楽しみ	○脳の活性化 ○仲間とのコミュニケーション

進め方

例えば「今日は『健康』をテーマにした川柳を作りましょう」と、テーマを伝えます。

お助けアドバイス

「入選作品を見ると、例えば『ポックリと 逝きたいくせに 医者通い』なんて作品があります」と、テーマを伝える際には事例も伝え、考えやすいようにサポートします。

お助けアドバイス

すぐに考え始める人がいれば、入選作を読むのが楽しみという人がいたり、それぞれだと思います。個々の楽しみ方に応じて、対応したり言葉をかけましょう。

POINT

「シルバー川柳」に応募するという目標が、やりがいにつながる人もいます。「傑作ができたら、応募を目指してみましょう！」と、目標を提示することも大切です。

展覧会を開こう

「展覧会」という同じ目標に向かって、絵画、書道、手工芸品……などジャンルにこだわらず、材料などが用意できる範囲で、各々が好きなものを制作できるようにします。自分で好きなことを選び、さらには目標を実現することで達成感を味わえます。また、作品自体は個人で制作するとしても、みんなで展覧会を成功させるという一体感も味わってもらえます。

準備

事前にやること

- 展覧会を開く場所を、先に予約しておきます。
- 制作活動を行う際、同じジャンルを選んだ人が複数いる場合は、「美術部」「書道部」など、部活動のような呼び方をすると、ワクワク感が高まって、参加意欲を促すことにつながります。

用意するもの

- （説明する際に使う）ホワイトボードまたは人気のレクリエーションを書いた紙
- 事前に聞いた「参加者がやりたいこと」に応じて、必要な道具やスペースなどを準備します。

お助けアドバイス

「テーマは自由」と言っても、何もないところから考えるのは難しいものです。そこで、あらかじめ、書道、俳句、絵手紙、編み物などを提案できるようにしておきます。そして、そこから「自由に選択」できるようにします。それでも、「自分の意思を尊重してもらえた」という気持ちを抱いてもらえます。

事前の言葉かけ例

- 「自分の作品を、展覧会で発表してみませんか。実はもう、〇月×日に市民ギャラリーを予約してしまったんです」と、目標がすでにあることを伝えます。

- 「テーマは自由です。絵手紙とか書道だけではなく、手芸品でもいいですし、工作物でもいいですよ」と、参加者の意思を尊重することを伝えます。

- ホワイトボードや紙にあらかじめ、これまでに人気だったレクリエーションを書き出しておきます。「この施設ではこれまで、書道、俳句、絵手紙、編み物が人気でしたね」と、書いてあるものを読み、これまでのことを思い出してもらいながら、興味を誘います。

- 「他の施設などでは、水彩画、フラワーアレンジメントとかも人気みたいです」などと情報を提供して、やりたいことが見つかりやすいようサポートします。

- ある程度、情報提供をしたら、「前からやってみたいと思っていたことや、作ってみたいものがあったら、遠慮なく言ってくださいね。中には、この施設でやるのは難しいものがあるかもしれませんが、皆さんの希望に添えるよう頑張りますので！」などと言葉をかけ、参加者を応援する姿勢をアピールします。そうすることで「やりたいことにチャレンジしやすい環境だ」と思ってもらいやすくなり、参加意欲の向上にもつながります。

時間	感情への働きかけ	効果
30分～1時間程度×複数回	○好きなことをしている⇒喜び ○目標を持つ⇒達成感⇒喜び	○自主性 ○集中力 ○仲間とのコミュニケーション

進め方

自分で選んだことを、自由にやってもらいます。参加者が制作活動をしている間、適時、声かけをしてモチベーションが維持・向上するようにサポートします。

言葉かけ例

「ステキな柄ですね。このデザインも、〇〇さんが考えたんですか！」
「〇〇さん、どんどん上達していますね」
「こんなに細かいものも、作れるんですね。すごい！」
など

うまくできずに困っている人には…
「〇〇さんは、今日はどこまで仕上げたいと思っていたんですか。……それができなくて、困ってしまったんですね」
「今日はたまたま、調子が悪かったんですね」
など

お助けアドバイス

展覧会を開催する日までの間、モチベーションを保てるように適時フォローします。例えば、「展覧会場を見学する機会を設ける」「作品の展示方法をみんなで考える」などのイベントを、定期的に設けます。

POINT

途中経過でも、うまくできている人には「すごいですね」といった、ほめる言葉をかけましょう。また、うまくできずに悩んでいる人には、困っている気持ちを聞いて、理解してあげましょう。

草で作るドライフラワー

雑草と呼ばれているような草を材料に、ドライフラワーを作る方法をバスケタリー作家の佐々木麗子さんに教えていただきました。今回、材料にするのは、ヒメコバンソウ。ドライフラワーはインテリアとして活用できますから、飾り方を考えるなど、日々の生活を工夫するきっかけにもなります。

準備

事前にやること

- 完成品の参考になるように、できれば先に1つ作っておきましょう。

用意するもの

- ヒメコバンソウ
- 糸

ヒメコバンソウ

お助けアドバイス

ヒメコバンソウを採集する時期は、5月から6月初め頃がおすすめです。ヒメコバンソウの穂が開かないうちに採ることが大切です。

導入の言葉かけ例

- 「この草の名前、ご存知ですか。そうです、ヒメコバンソウです。雑草と言われたりしますが、あらためて見るとかわいいですよね」と、ヒメコバンソウを紹介をしながら、興味を誘います。

- ヒメコバンソウを見せたときに、「知っている」「昔、家の近くでよく見た」などと話が盛り上がることもあります。その場合は「ステキな場所だったんですね！」などと応じて、話が楽しく続くようにします。

- 「この草でドライフラワーを作ることができるんですよ」と、ドライフラワーの実物を見せます。

- 「ドライフラワーは、壁に吊るしたり花瓶に生けたり、インテリアとして飾れます。あと、ドライフラワーを材料にして、コースターを作ったりもできるんですよ。ふだん使えるものを、自分で手作りできたらいいですね」と、興味を誘います。

- 「壁に吊り下げれば、1、2週間後にできあがります。ちょっと作ってみませんか」と、参加を促します。

お助けアドバイス

壁に吊るしたり花瓶に飾ったものを見せたり、飾り方を紹介すると、「作ってみたい」という意欲が生じやすくなります。

時間	感情への働きかけ	効果
1時間程度	○自分で作る⇒達成感⇒喜び	○機能性維持 ○自然と親しむ⇒精神の安定

作り方

1 余分な葉を取ります。

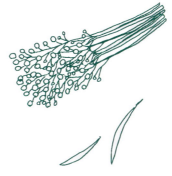

2 数本を束ねて糸で縛り、直射日光があたらない場所に逆さにぶら下げて乾かします。

3 1〜2週間後にドライフラワーの完成。

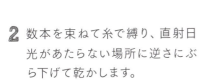

春や秋の花を組み合わせたドライフラワー。

> **お助けアドバイス**
> 春の花と秋の花を組み合わせたりできるのも、ドライフラワーならではの楽しみです。こうした情報も合わせて伝えると、制作意欲がより高まります。

POINT

こうした身近にある草を利用することでも、「自然」の世界に目を向けるきっかけをつくることができます。

草を編んで作るコースター

ヒメコバンソウのドライフラワーを材料に、コースターを作ることができます。その作り方を、バスケタリー作家の佐々木麗子さんに教えていただきました。「編む」という行為は、手先を使い頭も使うので、脳や身体への良い刺激になります。また、自分が作って完成させたという達成感からは、喜びの感情が生まれます。

準備

事前にやること
- 完成品の参考になるように、できれば先に1つ作っておきましょう。

用意するもの
- ヒメコバンソウのドライフラワー（1作品につき4、5本）
- 霧吹き
- 木づち
- 針
- 麻糸

お助けアドバイス
ふだんの生活でどのような使い方ができるのか、コースターの使い方を紹介すると、作るのがより楽しみになります。

導入の言葉かけ例

- 「できあがったドライフラワーを使って、モノづくりもできます。例えば、このコースター（実物を見せながら）。私が作ったので、ちょっと形がゆがんでますが（笑）」と、上手にできなくても大丈夫なのだと思ってもらえるような声かけをします。

「でも、かわいらしいでしょ！ 雑草と呼ばれている草から、こんなにかわいいコースターを作れるなんて、おもしろいですね」と、制作意欲を促します。

ビニールに包まれたキャンディやチョコレートをのせる器として。

時間	感情への働きかけ	効果
1時間程度	○手作りする⇒達成感⇒喜び	○脳の活性化 ○機能性維持 ○自然と親しむ⇒精神の安定

作り方

1. ヒメコバンソウのドライフラワーを4、5本選び、霧吹きで少し水に濡らして柔らかくします。そうすると扱いやすくなります。

2. 木づちのようなもので軽くたたいて、柔らかくすると折れにくくなります。

3. 茎の部分を麻糸で4、5cm巻きます。

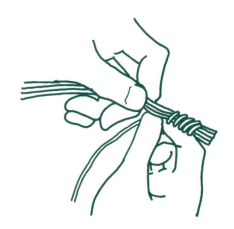

4 麻糸で巻いた茎を丸めて円を作り、縛ります。ここが中心になります。

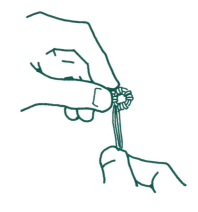

5 3周巻いたら、1周目と2周目の間に針を入れて巻いていきます。

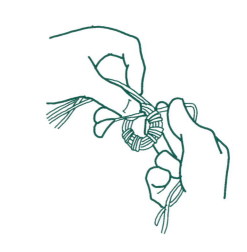

6 手順5のやり方でヒメコバンソウを巻いていきます。目安は直径7cmくらい。

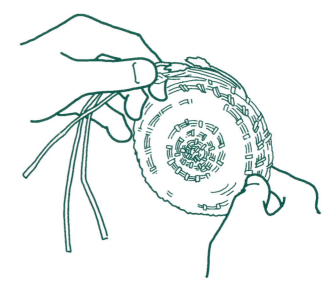

4章 おとなの趣味系レク

7 最後の1周は立ち上がるように高さをつけて、巻いていきます。

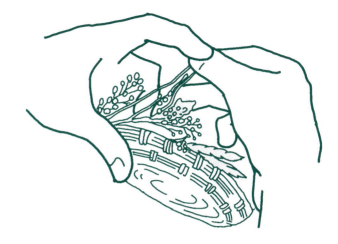

8 完成。

お助けアドバイス
エノコログサ（ネコジャラシ）のようなイネ科やスゲ類の草や、ローズマリーのようなハーブ類でも作ることができます。

POINT
完成品が思い通りにできなかったからと、落ち込んでしまったり、腹を立てたりする人がいるかもしれません。そうした場合は、なぜそういう気持ちになってしまったのかを聞いて、相手の気持ちを理解します。そうすれば、徐々に落ち着きを取り戻します。

苔玉づくり

園芸療法と呼ばれるものがあるように、植物と触れ合うことは参加者の心身にプラスに作用すると思われます。園芸を始めるのはちょっとハードルが高いという場合、より手軽に土いじりや植物のお手入れを体験できる「苔玉」がおすすめです。

準備

用意するもの

材料
- ケト土
- 赤玉土（小粒）
- ハイゴケ
- プテリスなどのシダ系観葉植物
- 山野草の土

ハイゴケ　　プテリス

道具
- 黒い木綿糸
- 小さめのスコップ
- ハサミ
- ジョウロ
- ボウル
- ビニールシート（床などを汚さないため用）
- 参加者用のエプロン（服を汚さないため用）

導入の言葉かけ例

- 「(苔玉の写真や実物を見せながら)苔玉というものなんですが、見たことありますか。ミニ盆栽と言われてたりもして、最近、人気なんですよ」などと、興味を誘う言葉かけをします。その際、「ミニ盆栽」というたとえを使ったりすると、理解してもらいやすくなります。また、「最近、人気」というワードは、興味喚起を高める効果が期待できます。

- 「植物の根っこを土で丸めて、周りに苔を貼りつけるだけでできるんです」と、苔玉の説明をしつつ、興味を誘います。

- 「苔は植物ですから、水をあげたり、苔玉は育てる楽しみもあるんです」と、育てることができるという特徴を伝えます。

- 「小さいからインテリアとして飾りやすいですし、緑が身近にあると癒されていいですよね」とか「自分で作ったものを育てるのは、楽しいでしょうね」などと、メリットを伝えて、制作意欲を促します。

ハイゴケとプテリスで作った苔玉

4章 おとなの趣味系レク 5

時間	感情への働きかけ	効果
1時間程度	○自分で作る⇒達成感⇒喜び ○育てる⇒責任感・張り合い⇒喜び	○機能性維持 ○自然と親しむ⇒精神の安定

作り方

1 ケト土7：赤玉土3の割合で混ぜて、よくこねます。耳たぶくらいの柔らかさになるよう水を加えながら、さらにこねます。

2 適量を取り、丸めます（片手で持てるくらいの大きさが目安）。

お助けアドバイス

土いじりをしながら、昔の体験を思い出す人もいます。うなづいたり、あいずちをうったり、積極的に聞く姿勢を見せて、気分よく話してもらいましょう。

3 真ん中にへこみを作り、そこに山野草の土を入れます。

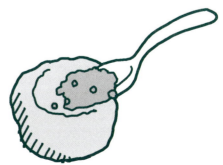

95

4 植物（今回はプテリス）を植え込みます。

> **お助けアドバイス**
> 根と土の間に、隙間ができないようにします。割り箸を使うと、やりやすいです。

5 球体の周りに隙間がないように苔を貼ります。

6 苔を貼ったら、はがれないように糸を7、8周巻きつけて固定します。

> **お助けアドバイス**
> 巻き付けるのが、思うようにできない参加者もいると思います。サポートが求められる可能性が高い作業では、より意識して進み具合を見ましょう。

4章 おとなの趣味系レク

7 完成した苔玉は水に5分くらい浸します。水が染みこんだら水を切って、3日間くらい、風があたらず日当たりのよい室内で管理します。

8 完成。

言葉かけ例

「インテリアとして飾るのが、楽しみですね。どんなふうに飾るか、もう決めているんですか？」
「○○さんが作ったと聞いたら、ご家族はびっくりするでしょうね！」
など

お助けアドバイス

育てる場合、水を張ったお皿などに、半日でなくなるくらいの水をためて吸水させます。吸水は、毎朝の日課にしましょう。日光があたる室内の窓辺に置き、時々窓を開けて風にあてると、育ちがよくなります。

POINT

日課として水やりを続けることは、QOL（クオリティ・オブ・ライフ）の向上にもつながります。自分で作ったものであれば、育てる張り合いもでます。

「金継ぎ」の技に触れる

割れたり欠けたりした器を漆で接着し、継いだ部分を「金」で装飾しながら修復する「金継ぎ」は、日本の伝統的な器の修復技術です。大切な器や思い出の器を、新たな魅力を加えてよみがえらせることができます。レクリエーションとしては上級編ですが、これをきっかけに技術習得を目標にしたいと意欲を持つ参加者が出てくるかもしれません。また、難しいと感じた参加者にとっても、日本に古くからある伝統的な技術に触れることは、刺激的な体験になると思います。

準備

用意するもの

材料

- 欠けてしまった器
- エポキシ樹脂のパテ
- 新うるし
- 新うるし薄め液
- 真鍮粉

道具

- 耐水サンドペーパー
- 小皿
- 筆

お助けアドバイス

漆は扱いにくいですし「金」は高価なので、入手しやすい材料で代用する簡単なやり方をここでは紹介しています。今回のような代用の材料で行う場合、食器としての使用は不向きです。

事前の言葉かけ例

- 「大切に使っていた器が、欠けてしまったり、ひびが入ってしまうことってありますね。日本には、そうした欠けたところをステキに直す「金継ぎ」という方法があるそうなんです」と言って、金継ぎの作品の写真などを見せます。

- 「チャレンジしやすいやり方もあるので、家にある欠けてしまった器を使って、今度、やってみましょう」と事前に伝え、当日、持参してもらいます。ないけれどやりたいという人のために、欠けた器を用意しておきます。

導入の言葉かけ例

- 「今日は、日本の伝統的な技"金継ぎ"にチャレンジするんですよね。私も初心者なので、ドキドキしています。できるところまで、一緒に頑張ってやってみましょう」と、難しいことに挑戦する＝「すごい」ということをアピールします。そうすると、できたときの達成感が高まりますし、できなかった場合は「仕方ない」とあきらめやすくなります。また、「難しいことだから、できなくても大丈夫」という気持ちになってもらうような言葉かけは、不安軽減にもつながります。

4章 おとなの趣味系レク 6

時間	感情への働きかけ	効果
2時間〜 （複数に分けて実施）	○自分で作る⇒達成感⇒喜び	○機能性維持 ○想起 ○集中力

作り方

※作業は数回に分けて行います。参加者の進み具合によるので記載の回数はあくまでも目安です。

1回目

1. 器の欠けた部分をしっかり洗って、乾かしておきます。

2. エポキシ樹脂のパテで、欠けた部分を埋めます。

言葉かけ例

「細かい作業なのに、集中力がすごいですね」
「ステキな器に仕上がりそうですね。できあがったら、どんなふうに飾るか、もう決めているんですか？」
など
作業の遅い参加者には……
「〇〇さんは、ていねいにきちんとできるんですね」
など

> **お助けアドバイス**
>
> 「金継ぎ」の魅力は、欠けなどに装飾された「金」によって、もとの器とは違った味わいが出ることだと言われています。始まったのは、茶の湯が盛んだった室町時代と伝わっています。こうした情報を伝えるのも、モチベーションアップに役立ちます。

3 パテが固まったら、サンドペーパーで表面をなめらかにします。はみ出てしまったところは、スタッフがカッターなどで切り取りましょう。

お助けアドバイス
集中しすぎると疲れてしまうので、タイミングを見計らって休憩時間を取るようにします。例えば、カッターを使う作業をスタッフが行う場合は、参加者に休んでもらういいタイミングになります。もちろん、進み具合よりも参加者の様子が最優先ですから、表情などを気を付けて見ましょう。

言葉かけ例

夢中になって作業を止めない参加者には……
「わぁ、こんなにできたんですか！次の作業も頑張れるように、ちょっとひと休みしましょうか」
など

うまくできなくて落ち込んでいる参加者には……
「○○さん、頑張ってるから疲れたでしょう。気分転換に、ちょっと休憩しませんか？」

2回目

4 新うるしと真鍮粉を1対1の割合で小皿に出し、新うるし薄め液で中濃ソースくらいの固さにします。

5 固まったパテが見えなくなるように**4**を筆で塗ります。

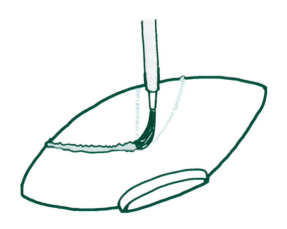

お助けアドバイス
参加者それぞれの作業の進み具合に応じて、サポートするようにします。場合によっては、材料などは小皿に出して用意しておきます。

3回目

6 充分に乾燥させたら、サンドペーパーで軽く研いで完成。

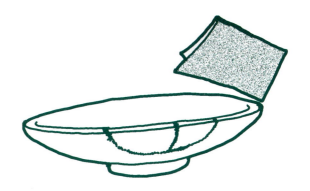

言葉かけ例

「欠けていた器が、こんなにステキになるなんて、○○さんはお上手ですね」
「こんなにおしゃれに仕上がった器、おうちのどこに飾りましょうか？」
「どこで買ってきたの？って、ご家族、びっくりするんじゃないですか！」
など

うまくできなかった参加者には……
「(落ち込んでいたら、どうしたかった理由を聞いて……)作ったものを家族に見せて喜んでほしかったんですね。では、別の日にまた作りましょうか？」
「(腹を立てていたら、どうしたかった理由を聞いて)そうでしたか、思っていたようには、きれいにくっつかなかったんですね。どうすれば、○○さんの思っているような仕上がりに直せるか、私、一緒に考えます。○○さん、お知恵を貸してください」
など

POINT

難しくてできないのではないかと思うようなことでも、「こういう趣味もあったのか」と知ることで、新たな世界が開けることもあります。参加者の好奇心を広く満たすことも大切です。

手軽にアロマテラピー体験

植物の成分が凝縮された精油（エッセンシャルオイル）を使って行うアロマテラピーは、リラクゼーションはもちろん、認知症予防にも好影響だと言われています。まずは専用器具などは使わず、ティッシュに数滴垂らして香りを楽しむ簡単な方法で試してみましょう。

準備

用意するもの
- 好みの精油
- ティッシュ
- ビニール手袋

主な精油例

リラックス …… ラベンダー
脳に活力……… ローズマリー
リフレッシュ … レモン
気分を明るく … グレープフルーツ
　　　　　　　　オレンジスイート

お助けアドバイス

一般的に好まれる香りでも、人によっては苦手なものがあります。また、香りを嗅ぐこと自体に抵抗感がある人もいます。ちょっとした空き時間にできるレクリエーションなので、全員参加にこだわらず、希望者だけで行ってみるというやり方もできます。

導入の言葉かけ例

- 「アロマテラピーって、聞いたことありますか？ 植物の成分が凝縮されている精油の香りを嗅ぐだけで、リラックスしたり脳の活性化につながると言われているんです」と、アロマの効果を伝え、興味を誘います。

- 「今日は、人気のあるラベンダーの香りを試してみましょうか。ラベンダーは、不眠にも効果があることで知られています」といったプチ健康情報も伝えると、好奇心がより膨らみます。

人気のラベンダーを、試してみましょう！

時間	感情への働きかけ	効果
15分程度	○リラックス⇒安心感⇒喜び	○精神の安定 ○想起 ○仲間とのコミュニケーション

進め方

- 精油は直接肌に触れるとしみになる場合があるので、精油を扱うスタッフは念のためビニール手袋をしましょう。
- ティッシュに1滴くらい精油を落とします。
- 鼻に近づけて、香りを楽しんでもらいます。

お助けアドバイス

参加者が、精油に直接触れないようにするため、精油を含んだティッシュはスタッフが持つようにします。香りを嗅いでいただくときも、鼻につかないよう気をつけて近づけましょう。

POINT

ラベンダーのような比較的なじみのある香りを嗅ぐと、お互いの記憶を回想するきっかけができたりします。そこから、参加者同士が会話するきっかけも生まれます。

施設事例

「カジノ」のような大人の遊び場

その名の通り、本場ラスベガスのような遊具を備えた「デイサービス・ラスベガス」。賭け事を楽しむ介護施設であるかのように誤解されがちですが、根底にあるのは「高齢者の引きこもり」という社会問題の解決です。

お話をうかがった方
ACA Next株式会社
代表取締役社長
森 薫 さん

やりたいことを自分の意思で選択できる

「デイサービス・ラスベガス」を運営するACA Nextの代表取締役社長・森 薫さんは、13年前、デイサービスで管理者として勤務していました。

当時、利用者の8割以上が女性でした。来所を拒否する人の多くが「つまらないところに行きたくない」という理由であることに、森さんは強い危機感を抱いたと言います。

「放っておけば外出するチャンスが無いまま、引きこもりになり、寝たきりのリスクが高まってしまいます。それを防ぐには、私たち施設側が変わるしかないと思いました。そして、そのヒントを、アメリカを視察した際に立ち寄ったラスベガスで見つけたんですよ。日中、高齢者が大爆笑しながらカジノを楽しむ姿を見て、日本にはこういう場がない、ならばデイサービスで提供してはどうかと考えたのです」

とはいえ、カジノをそっくりまねたわけではありません。スタッフとコミュニケーションを取りながら行うブラックジャックやバカラ、高齢者世代に人気がありかつスタッフも参加できる麻雀、最初から知らない人と接するのはハードルが高いという利用者のためにパチンコ、一方、計算する必要がないルーレットは排除……など、「デイサービス・ラスベガス」で用意されているものには、明確な目的と理由があります。

「介護が必要な方の中には、そのことを受け入れたくない方もいらっしゃいますから、スタッフの制服をはじめ、『介護』を感じさせない環境創りにもこだわっています。例えば以前、『デイサービス』と名称が入った車で送迎されるのは恥ずかしいというクレームがありました。そこで、黒色のワンボックスカーにして、介護らしさを払しょくしたのです。すべては、利用者さんの声から生まれたものなんですよ」

現在、男性の利用者が7割。外に出る

ことすらしなかった人が、自分から進んで「ラスベガスに行きたい」と言うようになった例もあるとか。また、杖を突いて歩く姿を見られたくないと頑張って、歩けるようになった人もいるなど、意欲が出てきた事例は少なくありません。

デイサービスらしからぬ雰囲気の中、生き生きと楽しんでいる利用者。「アメリカの介護施設では、自己選択するのが当たり前でした。日本の高齢者もそうあってほしいと思い、ゲームはもちろん昼食メニューも自分で選べるなど、選択の自由を取り入れています」と森さん。

日常的にお金を使わなくなる利用者に配慮し、ベガスという紙幣制度を導入。朝と昼のストレッチを行うと1万ベガスがもらえるなど、遊びの中に、いろいろな認知症予防がちりばめられています。

介護ベッドは1台だけ。その他はリクライニングソファ。環境から、大人らしさにこだわっています。

自由に選べるクラブ活動

参加者世代になじみがある麻雀は、脳の活性化につながるゲームの1つです。その他、ポーカーやバカラなどのゲームにも、そうした効果を期待することができます。これらの"おとなの遊び"を「デイサービス・ラスベガス」の事例のように、自分の意思で自由に選んで参加できるようにします。その際、「クラブ活動」といった名称にしておけば、"おとなの遊び"以外のものを、参加者がリクエストしやすくなります。

準備

事前にやること

● ゲームを用意するにあたって、それぞれのゲームの知識は、スタッフはあらかじめ備えておきましょう。バカラなどを取り入れる場合は、スタッフと参加者がコミュニケーションを取りながら行うので、知識が不可欠です。

※事前に参加者の意見をうかがいます。ゲーム以外のことを希望する方がいれば（例えば「一人で写仏がしたい」など）、希望に応じて準備します。

事前の言葉かけ例

● 「クラブ活動の時間を設けました。この時間は、やりたいことを自分で選んで、自由に楽しんでいただきたいと思っています」と、趣旨を伝えます。その際、参加者の意思を尊重するスタンスを、必ず伝えます。

● 「麻雀は用意しようと考えているのですが、『こんなことをやりたい！』という希望を、ぜひ教えてください」と意見を聞き、参加意欲を促します。

用意するもの

● 麻雀の他、例えばポーカー、ブラックジャック、バカラができる道具類など
● 今回の事例の場合は、写仏セット

導入の言葉かけ例

● 「クラブ活動の時間です。麻雀、バカラ、ポーカー、写仏やブラックジャック、写仏を楽しんでいただけます」と、用意した内容を伝えます。

● 「移動も自由ですよ。例えば、最初はポーカーをやって、次は麻雀に参加するとか。また、休憩したくなったら、あちらに用意した休憩コーナーで休んでください。楽しいからって、熱中しすぎないでくださいよー」と、自由に行動できることも伝えます。

● 「ゲームのやり方で分からないことがあれば、何でも聞いてください。この日のために猛勉強してきましたから！」と、初めての人でも安心して参加できることを伝えます。

> **お助けアドバイス**
> クラブ活動を行う所要時間にもよりますが、休憩コーナーを設けるのもおすすめです。

4章 おとなの趣味系レク 8

時間	感情への働きかけ	効果
1時間～ （時間内、参加自由）	○好きなことをしている⇒喜び ○意思の尊重⇒ 　自己価値観の向上⇒喜び	○脳の活性化 ○仲間とのコミュニケーション

進め方

準備したゲームを、自由に選んでもらいます。

麻雀は4人1組にならない場合は、スタッフが入ります。

バカラは、スタッフと参加者がコミュニケーションを取りながら行います。

ポーカーをしている参加者。参加者だけで行っている場合は特に、様子に気を配りながら、随時声かけをしましょう。

写仏をしている参加者。一人で黙々と行っている参加者には、孤独感が募らないよう気をつけて、声かけします。

POINT

好きなことを行っているとき、人間は喜びの感情が生まれます。参加者が好きなことを自らの意思で選べる機会を、工夫して整えるのも大切です。

Column Vol.5

相手も自分も、
ポジティブ思考に変えられる

マイナス思考の要因は
考え方のクセ

いろいろな性格の人がいる中で、出来事を否定的にとらえがちな人もいます。これは一種のマイナス思考です。

つまりネガティブな感情を生み出しやすい思考パターンに陥っている状態にあります。

例えば、同じレクリエーションに取り組む場合でも、プラス思考の人は、「どうすれば、うまくできるだろうか」「完成させるには、どのような工夫が必要だろうか」「みんなとうまくやるには、どうすればいいだろう」などと考えます。

一方、マイナス思考の人は、「どうせ、うまくいかないだろう」「失敗すれば、周りからバカにされるに決まっている」などと、考えてしまいます。

このように何もやっていないうちから、うまくいかないと決めつけてしまうのは、「マイナス思考をするクセ」ができてしまっているからです。

出来事にプラスの意味をもたせる
「リフレーミング」

こうしたマイナス思考をするクセを直すのに効果的なのが、「リフレーミング」です。リフレーミングは、今までと違った視点や考え方で物事を見る方法で、心理療法などでも活用されています。

よく例にあげられるのが、「コップに入った半分の水を見て、どう思うか」というたとえ話です。

同じ状況に対して、「半分しかない」と思うこともできれば、「まだ半分もある」と思うこともできます。ところが、前者と後者では感じ方は正反対です。「半分しかない」と考えればネガティブな感情が生まれ、「半分もある」と考えればポジティブな感情が生まれます。

つまり、出来事の枠組み（フレーム）を変えれば、どのような出来事にもプラスの意味があるように思えてきます。

リフレーミングを日常的に実践できることに、言葉の言い換えがあります。例えば「あきらめが悪い」と言えばネガティブですが、同じ意味で「粘り強い」というポジティブな言葉に言い換えることができます。

5章

音楽系レク

みんなで歌っていると、自然と笑顔になったりします。それは、プラスの感情が態度や表情に表れているからです。最も感情に働きかける刺激とも言われる音楽は、すきま時間を利用するものから本格的なものまで、多様な取り入れ方ができます。

"音楽を楽しみたい"期待と
レクリエーションの可能性

共有することで連帯意識が生まれる

　音楽には「メロディ」「リズム」「ハーモニー」の3つの側面があります。太鼓をたたいたり、自ら歌うことによって、脳の報酬系である線条体が震え、心に快感が走ります。また、周りの人たちとメロディやハーモニーを共有することによって、快感が増し、連帯意識も生まれます。

　ハンドベル演奏などで、参加者に役割を担ってもらえば、期待されているという気持ちを抱いてもらうことができます。そして、うまくいけば、喜びの感情が生まれます。もちろん、うまくいくことばかりではありませんから、失敗する場合に備えて、みんなで笑い飛ばせるような雰囲気を創っておくことも大切です。

身体が反応するのは感情に働きかけているから

　参加者の中には、ギター、ピアノ、三味線などを、昔、奏でていた人もいると思います。そうした参加者にとっては、昔を想起し懐かしむきっかけになります。そして、休んでいた脳の機能が、活性化されます。

　想起は、記憶力につながります。使わないと、思い出すことができなくなってしまいます。脳を使うという意味でも、音楽は効果的だと言えます。

　また、音楽は、最も感情に働きかける刺激と言ってもいいでしょう。音楽は、言葉ではなく非言語の情報です。例えば自分の好きな曲を聞くと、自然と足で拍子をとっていることがあります。身体が反応するのは、音楽が感情に働きかけているからです。感情が、前頭葉や側頭葉を刺激し、身体を動かしているのです。

哀しい思い出がよみがえることもある

　昔流行った曲が、高齢者の誰にとっても、懐かしいものとは限りません。その人が、楽しかったときに入ってきたリズムやメロディであれば、それは楽しいものとして脳にインプットされています。反対に、哀しい出来事やつらい出来事のときに入ってきたものであれば、聞きたくないものとして脳にインプットされています。

　同じ曲でも、条件付けされているわけですから、人によって好き嫌いが出てきます。一般に、楽しいと思われている曲であっても、嫌悪する人がいる可能性があることを念頭においておきましょう。

「音楽療法」事例

口腔体操や回想法などでも活用される

音楽療法は、音楽を"次の目的"に向けて応用する活動のこと。その効果を介護レクリエーションに応用するにはどうすればいいのかを、多くの高齢者施設で音楽療法を実践している音楽療法士の奥山京子さんに伺いました。

お話をうかがった方
NPO法人オフィスリブスタイル
代表
奥山京子さん

目的に合った曲を選ぶことが重要

音楽療法と聞いて「音楽を聴いてリラックスする」「精神を安定させる」といったイメージを抱きがちですが、「音楽を聴いたり歌ったりして楽しむだけでなく、その先の目的があることが大事」なのだと、奥山さんは言います。

「参加者の方々にとって懐かしい歌であれば何でもいい、というわけではないのです。重要なのは、それぞれの目的に適した曲をどう選ぶか。ですから、口腔体操、回想法、体操などの目的が決まったら、その目的が実現しやすい曲を選びます。例えば、口腔体操で顔の筋肉を動かしたいのであれば、『バラが咲いた』のようなア行の言葉が多い曲が適しています。また、参加者の方々に楽器を使っていただく場合でも、目的が『気持ちの発散』か『手指の微細運動』かでは、選ぶ曲は違ってくるんですよ」

曲選びには音楽療法士の知識が不可欠ですが、聴くだけでも"音楽"の効果は得られると言います。

「徘徊していた方が、『青い山脈』のメロディが聴こえてきたとたん、戻って気持ちが落ち着いたことがありました。そうした例を何度も見るうち、執着や恐れから意識をそらすには、音楽はとても効果的なのだとあらためて実感しています」

また、筋トレなどをきちんと行うのはもちろん大切だけれど、どんな気分で行うかも大切だと奥山さんは話します。

「1つの動きを15回以上行うと効果的と言われていますが、童謡や唱歌は16小節の曲が多いので、1曲で16回行うことができます。黙々と筋トレするのは苦痛でも、歌いながらであればリラックスしてできますよね。そもそも高齢者に限らず、誰もが昔聞いた曲を聞けば、その当時を思い出して懐かしい気分にひたれるもの。難しく考えず、日ごろ私たちが感じている音楽の効果を、介護レクリエーションに取り入れていただければと思います」

昔聞いた曲を聞くと、「安定した記憶＝昔の記憶」を引き出すことができます。「認知症予備軍の方にも回想法は効果的です」と奥山さん。

みんなで楽器演奏を行う際は、目で見て分かるように、音ごとにマークで示すなどの工夫をしています。

歌いながら、楽しい気分で身体を動かすこともできます。

楽器を演奏するときの表情も、皆さん豊かです。

歌って指先体操

NPO法人オフィスリブスタイルが実践している介護レクリエーションの1つです。3拍子の歌に合わせて、指を「グーチョキパー」と動かすだけなので、ちょっとした空き時間に行えます。とっても手軽ですが、元気に歌うこと、指先を動かすこと、頭を働かせることを同時に行えるので、いろいろな効果を得ることができます。

準備

用意するもの

- その日に歌う予定の楽曲のCDなどを用意しておきます。
- 歌詞を模造紙に書いておきます。

導入の言葉かけ例

- 「皆さん『星影のワルツ』という歌、ご存知ですか？　昭和40年代に大ヒットしたんですよね」と声をかけ、知っている人には手を挙げてもらうなどして参加意欲を誘います。

- 「今日は、その『星影のワルツ』を歌いながら、指をグーチョキパーと動かして、指先の体操をしましょう」と、内容を説明します。

5章 音楽系レク 1

時間	感情への働きかけ	効果
15分程度	○達成感⇒自己価値観の向上⇒喜び	○機能性維持 ○脳の活性化 ○想起

進め方

1 3拍子の曲をみんなで歌います。（例「赤とんぼ」「ふるさと」「星影のワルツ」など）

2 今度は、歌いながら、両手を一緒に「グー→チョキ→パー」の順で動かします。

3 次は、歌いながら、左手は「グー→チョキ→パー」、右手は1つ遅れて「パー→グー→チョキ」の順で動かします。

POINT

最初は、うまくできない参加者が多いと思います。失敗はみんなで笑い飛ばして、楽しみながら行うようにしましょう。

ハンドベル演奏

NPO法人オフィスリブスタイルが実践している介護レクリエーションの1つです。ハンドベルを使えば、1人が1音を担当できるので、役割を担ってもらえます。その分、曲が演奏できたときの達成感が大きくなります。

準備

用意するもの

- 音ごとに色分けされたハンドベルを用意します。　※人数に応じて1セット以上
- 模造紙に楽譜を書き、音ごとに色分けをします。

ハンドベル

音ごとに色分けした楽譜

導入の言葉かけ例

- 「今日は、みんなで、ハンドベル演奏に挑戦してみませんか。(ハンドベルの6音分を鳴らし)ドは赤、レは黄色、ミはオレンジ、ファは黄緑、ソは青、ラは水色、です。きれいな音色ですね」と、ハンドベルを鳴らし、音ごとに色分けされていることを伝えます。

- 「演奏していただくのは『きらきら星』です。きらきらひかる〜♪ で始まる歌です。(模造紙に書かれた楽譜を見せながら)楽譜に色がありますよね。1人ずつハンドベルを持っていただき、この色と同じハンドベルを鳴らしてください」と説明します。

5章 音楽系レク 2

時間	感情への働きかけ	効果
30分程度	○役割を果たす⇒自己価値観の向上⇒喜び	○仲間とのコミュニケーション ○脳の活性化

進め方

1 楽譜を見ながら、みんなで歌います。

2 「きらきら星」はドレミファソラの6音なので、6音分のハンドベルを参加者に持ってもらいます。2セット以上ある場合は、同じ音を2〜3人で担当してもらいます。

3 楽譜を見ながら、みんなで演奏します。

お助けアドバイス
ハンドベルは音が色別になっているので、「赤の人！」と言った声かけも可能。認知症の方にも参加していただくことができます。

お助けアドバイス
音板をバラバラにできる鉄琴でも、1人が1音を担当できます。

POINT
役割を任されると、「期待された」という気持ちになります。役割を果たせると、「期待に応えられた」という実感を得ることができます。そして、そこから喜びの感情が生まれます。また、「やり遂げた」ことで、自信が生まれ、自己価値観の向上をもたらします。

施設事例

平均年齢84歳の合唱団

神奈川県住宅供給公社の介護付有料老人ホーム（入居時自立）「ヴィンテージ・ヴィラ」では、入居者を対象に「生きがいづくり」を目標とした合唱活動をスタート。美しいハーモニーができるまでに上達した過程を伺いました。

お話をうかがった方
神奈川県住宅供給公社
理事長
猪股篤雄さん

生きがいには目標が大切

「"入居時自立"をコンセプトに高齢者事業をスタートさせた1990年当時、平均年齢69歳、介護を必要とする方はゼロでした。現在では平均年齢84歳、約半数が何らかのケアが必要になるなど、入居者の状況は様変わりしています。こうした変化に伴い、コンセプトも"生涯自立"にシフトするなか、アクティビティの見直しは課題の1つでした」と、猪股理事長はアクティビティの重要性を説きます。

そして着目したのが、参加率70％以上と最も人気があったコンサートでした。当時は単発的な開催でしたが、孫のような若手音楽家集団「ユースクラシック」の協力のもと、年3、4回定期的に開催するようになります。

「コンサートの後、『この曲は女学生の頃、妹と川沿いを歩いたときによく歌った』と記憶が鮮明によみがえる様子や、感想を語り合う姿を目の当たりにするように

なり、音楽の効果を再認識しました。そこで次は入居者自らが歌う機会を提供したいと合唱団結成を考えたのです」

以前あった合唱サークルは、尻すぼみになっていました。そこで再スタートにあたっては、"生きがい"を意識し、専門家の指導を受ける本格的合唱団であることに加え、自らコンサートの舞台に立つという明確な目標を持っていただくことにこだわりました。

さっそく、神奈川県民にとっては音楽の聖地とも言うべき『神奈川県立音楽堂』を予約。すると「夢の舞台に立ちたい」と、100人以上の入居者が集まります。

「1回目のレッスンでは、座ったまま下を向いてぼそぼそと歌っていたので、正直、大勢の観客の前で歌えるのかと心配になりました。けれど、2回目は声がよく出て、ハーモニーも見事でした。実は皆さん、自主練習をしていたんですよ。さらに2カ月

後には、本番のために座ってではなく元気よく立って歌うようになったのです」

レッスンを重ねるうち、目の悪い方が練習できるようにCDを録ってサポートするなど、お互いを支え合う一体感も生まれたそうです。そして第1回のコンサートの成功を皮切りに、2017年には第3回と着実に前に進んできました。

「私たちだから、実現できたわけではありません。例えばボランティアで音楽指導をしてくれる方は、探せばいると思いますし、何より目標設定はどこの施設でもできることです」と、猪股理事長は、自らの体験から語ってくれました。

2017年9月に神奈川県立音楽堂で行われた、第3回「歌の発表会」。入居者88人、平均年齢84歳の皆さんが、歌唱を披露。想像以上の美しい歌声に、驚かされました。

参加者の体験談 Column

鈴木重之さん(80歳)
昔、地域コーラスにも参加していたことがあり、本格的な合唱団に魅力を感じました。始めてからは、生活のメリハリができるようにもなりました。

敏子さん(77歳)
以前から大好きだった歌を通じて、他の入居者の方々と支え合えることに喜びを感じています。「歌の発表会」に向けて、きれいにしようと意識できるのもいいですよ。

練習風景。館内イベントにて発表の場を設けるなど、小さな目標も年に3回くらい設定。休まずに続ける参加者がほとんどで、機能性維持にもつながっています。

合唱団でコンサートを目指そう

神奈川県住宅供給公社「ヴィンテージ・ヴィラ」の事例のように、プロの指導を受けながらコンサート開催を目指す"本格的な合唱団"にチャレンジします。合唱では、みんなで歌うことで、一体感を味わえます。さらに、コンサートを開くという目的に向かって頑張ることは、日々の張り合いや達成感につながります。

準備

事前にやること

- ボランティアで合唱を指導してくれる音楽の専門家に依頼します。
- 当日の進め方を打ち合わせしておきます。

導入の言葉かけ例

- 「音楽の専門家の方に教えてもらいながら、合唱してみましょう」と、趣旨を説明します。
- 「教えるのは初めてということで、先生、実は緊張しているみたいです。皆さん、協力してあげてくださいね」と、参加者のほうが「面倒を見てあげようか」といった気持ちになってもらうのも一案です。

5章 音楽系レク 3

時間	感情への働きかけ	効果
1時間程度 (毎回の練習時間)	○役割を果たす⇒自己価値観の向上⇒喜び ○目的意識⇒ワクワク感⇒楽しみ	○ストレス発散 ○仲間とのコミュニケーション

進め方

事前に打ち合わせた通りに、先生に進めてもらいます。

※進め方の例

1. 発声練習
2. パート別で練習しよう
3. みんなで歌ってみよう

合唱曲のおすすめ一覧

思い出のワルツ
学生時代
花の街
サンタ・ルチア
手のひらを太陽に
夜明けのうた

広い河の岸辺
てるてる坊主
落葉松
峠のわが家
エーデルワイス
小さい秋見つけた

旅に出たい
夏の思い出
翼をください
見上げてごらん、夜の星を
バラが咲いた
花は咲く

※神奈川県住宅供給公社「ヴィンテージ・ヴィラ」の合唱団が選んだ過去の合唱曲より

POINT

明確な目標があると、その目標を達成するために頑張りますから、自ずとモチベーションが高まります。ポジティブな気持ちは日々の生活にも好影響をもたらすので、QOL(クオリティ・オブ・ライフ)の向上につながります。

音楽でスケッチ

音楽を聴いて思い浮かんだ情景を、思いのままに絵に描いてもらいます。童謡、人気のあるポピュラー、クラシックなど、ジャンルにこだわらず選びましょう。季節感を感じる曲もおすすめです。

準備

事前にやること
- 当日、聴いてもらう予定の音楽を決めておきます。

用意するもの
- 画用紙
- 色鉛筆やクレヨン
- 音楽（CDの他、全員に配る歌詞カード）

導入の言葉かけ例

- 「**皆さんが知っている童謡を聴いて、思い浮かんだ情景を、自由に絵に描いてください。菜の花も咲き始めてきたので、今日は『おぼろ月夜』を選びました**」と、季節感を交えながら、レクリエーションの内容を伝えます。

- 歌詞に出てくる情景を絵にするゲームだと勘違いしないように、「**歌詞のとおりに絵を描かなくていいんですよ**。例えば、子どもの頃に『おぼろ月夜』を歌いながら見た情景とか春の風景の思い出とか、想像力を働かせてイメージしたものを好きなように描いてくださいね」と、意思を尊重する言葉かけをします。

5章 音楽系レク 4

時間	感情への働きかけ	効果
1時間程度	○回想する⇒楽しみ	○脳の活性化 ○想起 ○想像力

進め方

1 まずは、みんなで一緒に『おぼろ月夜』を歌います。

2 それから、それぞれ自由に絵を描いてもらいます。

お助けアドバイス

最初のうちは、何をどう描けばいいのか考え込んでしまう人がいるかもしれません。声がけをして、場の雰囲気が和むようにしましょう。そうすれば利用者同士の会話も弾みやすくなり、交流も期待できます。

POINT

人によっては、何かのきっかけにつらいことを思い出してしまうこともあり得ます。そうした場合、どうして、そういう気持ちになったのかを聞いて、まずは気持ちを受け止めましょう。それから「それは、つらかったですね」と共感的理解を示すことで、落ち着きを取り戻します。

Column Vol.6

主な"マイナス言葉→プラス言葉"
言い換え一覧

ア行

飽きっぽい⇒好奇心旺盛
いばる⇒自信にあふれている
言いなり⇒物分かりがいい
おおざっぱ⇒おおらか
怒りっぽい⇒情熱的、感受性が豊か
臆病⇒慎重
おしゃべり⇒社交的
落ち着きがない⇒行動的
遅い⇒ていねい、マイペース

カ行

顔色をうかがう⇒周りへの配慮がある
変わっている⇒個性的
がんこ⇒意志が強い、ポリシーがある
感情的⇒感受性が豊か
気が散りやすい⇒好奇心旺盛
気が強い⇒自己主張できる、情熱的
気分屋⇒感受性が豊か
気まぐれ⇒物事にこだわらない
口下手⇒聞き上手
孤立しやすい⇒独立心がある
強引⇒行動力がある

サ行

騒がしい⇒明るい、活発
しつこい⇒粘り強い
消極的⇒ひかえめ
神経質⇒気が利く
心配性⇒慎重、細やか
せっかち⇒行動力がある

タ行

短気⇒素直、正直
だらしない⇒おおらか
調子がいい⇒親しみやすい

ナ行

長続きしない⇒あきらめがいい
流されやすい⇒協調性がある
生意気⇒自己主張できる
ねたむ⇒向上心がある

ハ行

反抗的⇒自己主張できる
引っ込み思案⇒慎重、ひかえめ
ひねくれている⇒信念がある
プライドが高い⇒自信にあふれている

マ行

命令的⇒頼りがいがある
目立ちたがり⇒活発

ワ行

わがまま⇒自己主張できる

身体を動かす系レク

ゲーム感覚を取り入れると、競争意識が生まれ、モチベーションアップにつながります。その際、ポイントになるのが「子どもっぽい」と思われないための工夫です。

"身体を動かしたい"期待と
レクリエーションの可能性

競争意識が生まれると、意欲が出る

　軽い運動をすることは、血行をよくし、心身にリラックス感を与えます。ずっと同じ姿勢をとったり、寝たきりの状態では、身体の機能が固まってしまいます。やはり、軽い運動をすることによって、その機能は高まるのです。

　みんなでダンスや運動をすることは、共感や協調性を生み出すことにもつながります。また、ゲーム感覚を取り入れることによって、競争意識が生まれます。勝てばうれしいですし、負けて悔しい気持ちが生じると「次は、頑張るぞ」という意欲が生じます。勝っても負けても、競争意識は、モチベーションアップをもたらします。

時代の流れで好みは変化

　かつてはゲートボールが人気でしたが、時代の流れで好みは変化するものですし、目新しさも必要になってきます。施設事例でも紹介したようなパラリンピック種目や、海外で生まれたスポーツなどに目を向けてみると、従来にはない介護レクリエーションが見つかる可能性があります。

　導入するにあたっては、そのまま取り入れるのではなく、参加者がやりやすいようにカスタマイズすることが求められます。パラリンピック種目「ボッチャ」を導入した「グッドタイム リビング 千葉みなと」の事例のように、得点の計算方法を分かりやすくするなどの工夫があると、参加者にとって、より親しみやすいものになります。

周りの存在が演出効果を生み出す

　実践する際、行う人がもちろん主役ですが、周りで見ている人、拍手をする人、車いすに乗りながら真似て手を動かしている人など、周りの存在は、演出効果を生み出します。そうした演出効果によって、その場にいる人たち全体に、楽しいという感情が広まっていきます。

　「演出効果」というものがあることを念頭において、その場にいる人たちみんなが盛り上がるように配慮すれば、満足度をより高めることができます。

施設事例

人気レクは
パラリンピック正式種目

有料老人ホームの「グッドタイム リビング 千葉みなと」では、10年前、レクリエーションにパラリンピック正式種目のボッチャを導入しました。今では、人気レクリエーションの1つとして参加者から支持されています。この成功事例をもとに、身体を動かす系の人気レクリエーションを考えるヒントを探ってみました。

お話をうかがった方
オリックス・リビング株式会社
東京運営事業部運営課
川島一弘さん

いかにカスタマイズできるかがポイント

「パラリンピック正式種目か、ボール転がしか。やってみたいのはどちらですか?」と聞かれたら、「パラリンピック……」と答える人のほうが多いのではないか――。そうした視点がきっかけとなり、導入を推進してきたと、川島さんは振り返ります。

ボッチャは、ジャックボール〔目標球〕と呼ばれる白ボールに、赤・青6球ずつのカラーボールを投げたり転がしたり、他のボールに当てたりして、いかに近づけるかを競うスポーツ。自分のボールを投げて白ボールに近づけるだけでなく、自分のチームのボールに当てて白ボールに近づけるといった、頭脳スポーツの面も備えています。

「自分の球が相手の球に押し出されることもあって、簡単そうに見えて意外と思うようにはいきません。そこが頭脳スポーツと言われるゆえんであり、おもしろさでもあるのです」

とはいえ、本式のルールのままでは点数の計算方法などに難しさがあると感じた川島さん。そこで、頭脳スポーツのおもしろさは残しつつ、勝ち負けが分かりやすいシンプルなルールに変更し、導入を進めてきました。

「立って投げる方と座って投げる方の位置はずらすといった、配慮もしています。参加する誰もが平等に楽しめるように、ルールや進め方をいかに変えるかがポイントだと思います」

参加者の方々を見ていると、「身体を動かすきっかけになった」「自分が投げたボールで、みんなが喜んでくれるのがうれしい」といった様子がうかがえます。

「姉妹棟の『海岸通』と『駅前通』で、チーム対抗戦『ボッチャ千葉みなと杯』を3カ月に1度開催しているのですが、負けたチームからは『悔しい』という言葉が聞かれるんです。そうした感情を持つことは、日常生活ではあまりないですよね。身体機能の維持だけでなく、心にもプラスになっていると感じています」

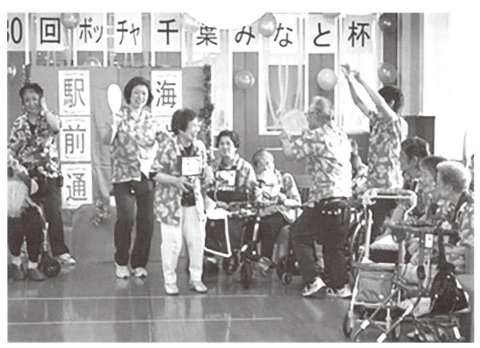

チーム対抗戦「ボッチャ千葉みなと杯」の様子。白熱した試合展開に、毎回、大盛り上がり。

使っているのは、ボッチャの練習用ボール。最初は、障害者レクリエーション協会でレンタルしていました。

ふだんは、25人くらいの参加者で4チームに分かれ、1時間に4ゲームくらい行います。

パラリンピック正式種目のボッチャ

パラリンピックの正式種目でもあるボッチャは、目標球と呼ばれる白いボールに、赤・青のボールを投げたり転がしたり、他のボールに当てたりして、いかに近づけるかを競うスポーツです。ここでは「グッドタイム リビング 千葉みなと／海岸通」の事例をもとに、介護レクリエーションで導入しやすい進め方を紹介します。

準備

用意するもの

- ボッチャボールと呼ばれる専用のボール（赤と青）
- 目標球と呼ばれる白いボール
- 投げる位置を決めるのに使うテープ

ボッチャボール

当日、準備すること

- 投げる位置を決め、テープを貼っておきます。立ったまま投げる人のラインと、車椅子を利用する人のラインと2種類貼ります。
  ※「グッドタイム リビング 千葉みなと」の例
  立って投げる：白ボールから4m
  座って投げる：白ボールから3m

導入の言葉かけ例

- 「ボッチャというスポーツがあります。このボールを投げて、白いボールにどちらのチームの投げたボールが近いかを競うんですが、実はパラリンピックの正式種目なんです」と、説明します。

- 「今日は、みんなでやりやすいように、ルールを変えてみたので、パラリンピックの種目がどんなものか、試してみましょう」と、パラリンピックをキーワードに興味を誘います。

6章 身体を動かす系レク 1

時間	感情への働きかけ	効果
30分～1時間程度	○期待に応える⇒自己価値感の向上⇒喜び ○賞賛⇒喜び	○機能性維持 ○脳の活性化 ○仲間とのコミュニケーション

進め方

ボールの色に応じ、赤チーム・青チーム（3～5人程度）に分かれ、交互に投げてゲームを進めます。

1 白いボールを置きます。

2 白いボールを目指して、ボッチャボールを投げます。交互に1球ずつ投げます。投げ方は自由ですが、上から投げ下ろすと距離がでます。

3 白いボールに一番近いボールがあったほうのチームが、勝ちとなります。

お助けアドバイス
団体戦だけでなく、1対1のシングルスでも行えます。

POINT
参加者がボールを投げる度に、盛り上げる言葉をかけましょう。失敗しても「惜しい～」「だいじょうぶ、次は頑張りましょう！」「残念、今日は調子が出なかった」などと明るく声をかけ、場を盛り上げます。

ゴルフのおもしろさを楽しめる
ターゲット・バードゴルフ

一般的なゴルフクラブで羽根付きのボールを打つ、いわゆる「ミニゴルフ」です。羽が付いているので、飛ばす方向性が安定するうえ飛距離は約20mと短いのが特徴。ゴルフの雰囲気を、手軽に楽しめるのがポイントです。ここでは、介護レクリエーション向けに、室内でも簡単にできるようにアレンジした進め方を紹介します。

準備

用意するもの
- クラブ
- ホール（傘を逆さまにしたような形のもの）
- 羽付きのボール
- ショットマット

導入の言葉かけ例

- 「ターゲット・バードゴルフという名前の競技を、今日は紹介します。羽の付いたボールを、この（ホールを見せながら）中に入れる、簡単に言えばミニゴルフです」と、説明をします。

- 「羽が付いているから、あちこちにボールが飛んだりしないんです」と言って、試しにクラブで羽付きボールを軽く打ってみます。

- 「室内でゴルフのおもしろさを楽しめるだけでなく、ゴルフ未経験の方もやりやすいんですよ」と、この競技のおもしさと手軽さを伝えて、興味を誘います。

- 「ちょっとやって、おもしろそうだっら団体戦をしてみませんか。勝ち負けよりも参加することです！」と、チャレンジすることのハードルを下げて、安心感を誘います。

6章 身体を動かす系レク 2

時間	感情への働きかけ	効果
30分～1時間程度	○期待に応える⇒自己価値感の向上⇒喜び ○賞賛⇒喜び	○機能性維持 ○脳の活性化 ○仲間とのコミュニケーション

進め方

- ショットする位置（ショットマットを置くところ）から、2～3m先にホールを置きます。
- 例えば3対3の団体戦の場合、1人ずつ交互にショットして、ホールに入ったボールの数で、勝ち負けを決めます。

お助けアドバイス
ルールを簡単にした分、単調になりがちなので、団体戦にして競い合うようにすると盛り上がりやすくなります。

POINT
ゴルフが趣味だった参加者の中には、自信があったのにうまくできず、腹を立ててしまう場面があるかもしれません。こうした場面でも、まずはなぜそういう気持ちになったのかを聞いて、理解することが大切。勇気づけたり励ましたりするのは、それからです。

133

イギリス生まれの
ローンボウルズ

イギリス生まれの「ローンボウルズ」は、ボウリングの技術とカーリングの戦略性を併せ持つ、身体と頭の両方を使うスポーツです。「ボッチャ」に似ていますが、ボールが特徴的で、スピードが遅くなるにつれ、大きなカーブを描くようになります。この特徴ゆえに、思わぬ展開になるのが、おもしろいところ。本来は芝生の上で行うものですが、介護レクリエーション向けに、室内で簡単に行えるようにアレンジしてみました。

準備

用意するもの

- 専用のボール（中心が偏っている球）
- 目標となる白い球
- カーペット（横2m×縦10mが目安）
  ※人工芝でもOKです。
- 投げる位置を決めるのに使うテープ

専用のボール

当日、準備すること

- カーペットを敷いたら、投げる位置を決め、テープを貼っておきます。
- 立ったまま投げる人のラインと、車椅子を利用する人のラインと2種類貼ります。車椅子の場合は、立ったままの人より、少しゴール寄りにします。
- 2チームで対抗する場合、どちらのチームのボールか分かるようにするため、あらかじめボールに印を付けておきます。

導入の言葉かけ例

- 「ローンボウルズは、イギリスで生まれた競技なんです。簡単に言うと、ボウリングとカーリング、それぞれのおもしろいところを、いいとこどりしたような競技なんですよ」などと言葉をかけて、興味を誘います。

- 「このボールを投げて、目標の白い球にどれだけ近づけられるかを競うんですが、実はこのボール、スピードが遅くなるにつれて、大きなカーブを描きながら転がる、特別なボールなんです。どんなふうに曲がるのか、ちょっとやってみますね」と言い、みんなの前で転がしてみます。

- みんなの反応を受けてから「不思議なボールでしょ！このボールの動きを予測しながら投げるので頭を使うし、もちろん身体も使うから、一石二鳥のスポーツなんです！」と、メリットを伝えます。

- 「勝ち負けにこだわらず、楽しみましょう」と呼びかけます。

6章 身体を動かす系レク 3

時間	感情への働きかけ	効果
30分〜1時間程度	○期待に応える⇒自己価値感の向上⇒喜び ○賞賛⇒喜び	○機能性維持 ○脳の活性化 ○仲間とのコミュニケーション

進め方

1 目標となる白い球を置きます。

2 白い球を目指して、ボウリングと同じように、ボールを転がすように投げます。対戦相手が、交互に1球ずつ投げます。

3 白い球に、一番近いボールがあったほうのチームが勝ちとなります。

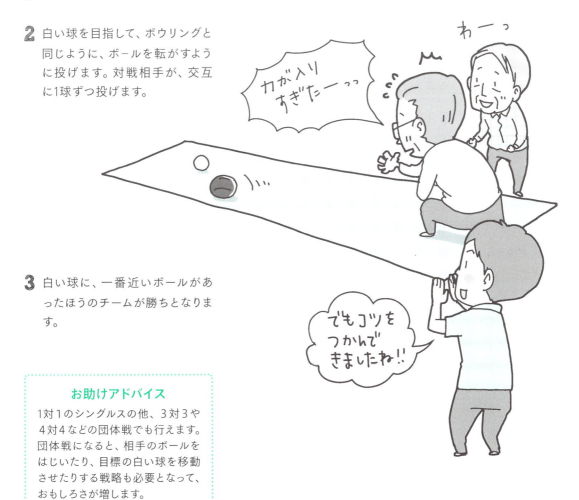

お助けアドバイス
1対1のシングルスの他、3対3や4対4などの団体戦でも行えます。団体戦になると、相手のボールをはじいたり、目標の白い球を移動させたりする戦略も必要となって、おもしろさが増します。

> **POINT**
> 途中で帰りたいという参加者がいた場合、言われた通りにその場を離れるようサポートしてもいいのですが、まずは帰りたい理由を聞きます。理由を話すうちに気持ちの整理がついて、続けたいと意欲が生じることもあります。

気軽に身体を動かせる
チェアヨガ

ゆったりとしたリズムで呼吸するヨガは、心を落ち着かせる効果があります。椅子に座ったままで行う「チェアヨガ」ならば、広く参加しやすいので介護レクリエーションでも取り入れやすいと思います。また、1ポーズだけを日替わりでやることも可能なので、ちょっとした空き時間を有効活用できます。

準備

当日、用意するもの
- 椅子

お助けアドバイス

ヨガの呼吸法にはいろいろありますが、「腹式呼吸」もその1つです。鼻からゆっくりと息を吸いお腹をふくらませたら、口からゆっくりと息を吐いてお腹をへこませます。腹式呼吸には、リラックス効果があります。ですが、呼吸法にこだわるあまり呼吸を止めてしまうといけないので、慣れないうちは呼吸を続けることを意識してもらいましょう。

導入の言葉かけ例

- 「実は私、ヨガは立ったり、寝転んだり、身体全体を動かすイメージがあったんです。でも、椅子に座ったままで行うヨガがあるんですって!」と、チェアヨガの説明をします。

- 「椅子に座ったままで、ちょっとヨガ体験をしてみましょうか。ヨガは、精神の安定にもいいんですよね」と、興味を誘います。

- 「うまくできなくても、終わったら自分をほめてあげてくださいね」と、安心して参加できるような声をかけます。

6章 身体を動かす系レク 4

時間	感情への働きかけ	効果
30分程度	○爽快感⇒喜び	○機能性維持 ○精神の安定

進め方
基本姿勢で椅子に座り、瞑想を行います。

基本姿勢
可能であれば、背もたれを使わずに椅子に浅く座ります。骨盤を立てて背骨をまっすぐ伸ばします。難しければ、ただ座るだけでもかまいません。

瞑想
肩の力を抜いて、胸の前で合掌します。軽くまぶたを閉じて、ゆったりと「鼻で吸って吐く」という腹式呼吸を10回くらい行います。心を落ち着かせる効果があります。

木のポーズ（チェアヨガ編）
両手を胸の前で合掌し、吐きながら合掌した手を天井に向けて伸ばします。3～5回呼吸したら戻ります。

※合掌できなくても、無理なく上げられるところまでにしましょう。

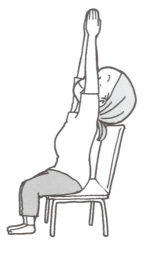

> **お助けアドバイス**
> 木のポーズは、肩こりの改善に効果的と言われています。

137

アンテナのポーズ（チェアヨガ編）

1 胸の前で合掌します。鼻で息を吸いながら、両手を上に伸ばします。

※合掌できなくても、無理なく上げられるところまでにしましょう。

2 吐きながら、両腕を斜め後ろに伸ばします。天井を見ながら気持ちよく胸を開いて、可能であれば10回くらい呼吸します。

3 両手を上に伸ばす（1）のポーズに戻ります。それから、手を膝の上に置いて呼吸を整えます。

お助けアドバイス

アンテナのポーズは、イライラや不安感の軽減に効果的と言われています。

お助けアドバイス

慣れてきたら、ポーズを増やしてみます。いろいろなポーズを覚えることは、学習意欲が刺激されますし、達成感を得ることにもつながります。また、日替わりや週替わりで行えば、同じ運動を繰り返すよりも、楽しいという感情が生まれやすくなります。

6章 身体を動かす系レク 4

杖のポーズ（チェアヨガ編）

1 吐きながら、右足をゆっくり上げます。足を上げるときは、可能であればひざをしっかり伸ばします。

※無理なく上げられるところまでにしましょう。

2 息を吸いながら下ろします。(**1**)、(**2**)の動作を5回以上繰り返します。

3 もう一方の足も同様に行います。

お助けアドバイス
杖のポーズはひざの痛み予防になると言われています。

POINT
ヨガで大切なのは、呼吸に集中することです。とはいえ、雑念が出てきてもそれを否定しないで認められるよう、サポートしましょう。

Column Vol.**7**

ストレスをためないように、心をコントロールしよう

心にスペース＝ゆとりをつくればいい

仕事が忙しいと、どうしてもストレスを感じやすくなります。自分がストレスを抱えたままでは、参加者とも良好なコミュニケーションを取りにくくなります。何よりあなた自身がつらい気持ちで日々を過ごすことになってしまいます。

ストレスを受けると、心はネガティブな感情でいっぱいになります。それは、ストレス反応として表れます。ストレス反応には、「行動化」「身体化」「心理化」があります。

○**行動化**… 暴力、自傷行為
○**身体化**… 身体の変調（例：会社に行こうとするとおなかが痛くなる、眠れない）
○**心理化**… 心の変化（例：イライラする、不安になる、落ち込むといった気持ちの変化）

ストレス反応を起こさないようにするには、ネガティブな感情でいっぱいになっている心に「スペース＝ゆとり」をつくることが大切です。スペースをつくる方法で簡単にできるのが、ストレス発散です。ストレス発散のやり方は人それぞれだと思いますが、まずは、言葉にして外に出してみることです。呼吸に意識を向けて、"生きている"ことに集中してもいいでしょう。

また、「よくよく考えてみると、ストレス解消できるようなことをしていない」という人は、意外に少なくありません。この機会に、仕事を忘れて夢中になったり、リラックスできることを見つけてみてください。

ストレスを感じないように、反応を変えてみる

そもそも、心はどうして「ストレス」を感じるのでしょうか。寒い日に「寒い」と感じるのは、刺激です。その刺激に対し、「上着を着る」という行動をとるのが反応です。ストレスを感じるメカニズムも、それと同じなのです。

例えば、仕事で「どうして、覚えられないんだ」「こんなこともできないの」という言葉を受けるのは、刺激です。それに対し、「私は仕事ができないから、ダメな人間なんだ」とか「あんな言い方をしなくてもいいじゃないか」と反応すれば、ストレスになってしまいます。

外部からの刺激をどう受け止めるかで、反応は変えることができます。「覚えられない」「できない」という刺激に対し、「覚える工夫をしよう」とか「どうすればできるようになるのか、教えてもらおう」など、学ぶきっかけとして受け止めれば、反応は意欲的に変化します。

前出のように、寒いという刺激には「上着を着る」という手段で乗りきれるのです。「他者からの攻撃なんて、ちょっとした刺激だ」「刺激を受けたら、手段を考えればいいだけのこと」と思うようにして、心を上手にコントロールしましょう。

7章

さんぽ系レク

「遠くまで出かける」となると準備が大変ですし、ご近所の散歩となればマンネリ化しがち。そこで、ちょっとしたプラスアルファで"ご近所さんぽ"が楽しくなるようなものを考えてみました。

"外出したい"期待と
レクリエーションの可能性

散歩で脳はいろいろな刺激を受ける

　散歩で外に出ると、解放された気分になります。さまざまな人と出会うこともできるので、世界も広がります。また、自ら歩ける高齢者の場合、歩くことで身体が緊張と弛緩を繰り返し、血行がよくなります。

　散歩では、季節感を味わうこともできます。季節の花や木々を見ることで、脳はいろいろな刺激を受けます。さらには、散歩中に近所の人とあいさつを交わしたり、人と交流することでも、脳は刺激を受けています。

　見たものは、脳の後頭葉で処理されます。聞こえてくる音や話し声は、側頭葉で処理されます。匂いやバランス感覚は、頭頂葉で処理されます。このように、散歩は、あらゆる脳の領域の活性化をもたらします。

さまざまなコミュニケーションが取れる工夫も大切

　散歩のよいところは、身体の機能性維持や心身のリラックスだけでなく、前出のように人とコミュニケーションが取れることです。近所の人と話す機会があったり、立ち寄った店で店員と会話したり、コミュニケーションを通じて、よい刺激を得ることができます。また、声を出すと声帯などの器官を使うので、脳によい刺激を与えます。

　仲間と一緒に出かけると、おしゃべりしながら歩くことができます。仲間との会話を楽しめることを期待している人のために、話題を共有できるようなレクリエーションの提案も大切です。

遊びの要素をアピール

　散歩のよさは分かっていても、一人で出かけるのは不安だったり、どこに行けばいいのか分からないという高齢者は少なくありません。そのうち、外出を避けるようになってしまいます。そうした高齢者のためにも、介護レクリエーションが大切な役割を果たしています。とはいえ、「健康のためになるから、散歩をしましょう」といった誘い方だと、なかなか参加意欲が高まりません。そこで、「健康」を目的にするのではなく、遊びの要素を前面にアピールするレクリエーションが、参加意欲を高めるのには効果的です。

植物調査隊

目的を意識して歩くと、身近な場所でもいろいろな発見ができます。例えば、近隣にどんな花が咲いているのか、どんな木があるのかを見つけることを、散歩の目的にしてみます。その際、「植物調査隊」などと名称をつけて、ワクワク感が高まるよう工夫します。

準備

用意するもの

- 散歩コースの地図を手書きで作成。参加人数分コピーし、スケッチブックに貼っておきます。
- 筆記用具

お助けアドバイス

お手本になるように、花などの植物の簡単なスケッチを、用意したマップに描いておくと、より分かりやすくなります。

導入の言葉かけ例

- 「だいぶ暖かくなってきて、つい先日まで、つぼみだった花も咲き始めましたね。この近所には、どんな花が咲いているんでしょう。あらためて見ると、木の種類もいろいろありそうですよね。散歩がてら見つけてみましょうか。名付けて『植物調査隊』です！」と、興味を誘います。

- スタッフが作ったお手本の地図を見せて「私、歩いてみて、気になった花や木を地図に描いてみたんです。えっ、ただの赤い丸にしか見えませんか？ これでも、うまく描けたつもりなんですけどね」などと言って笑いを誘います。

7章 さんぽ系レク 1

時間	感情への働きかけ	効果
30分～1時間程度	○爽快感⇒喜び ○発見⇒ワクワク感⇒楽しみ	○機能性維持 ○脳の活性化 ○自然と親しむ⇒精神の安定

進め方

見つけた花や木をスケッチしたりメモしたりできるように、スケッチブックに貼ったマップを渡します。

お助けアドバイス

花や木をちゃんとスケッチしたい人もいるかと思います。スケッチブックは自由に使ってもらいます。

マップ例

お助けアドバイス

帰ってから、マップをきちんと仕上げたいという参加者がいたら、その希望に応えて完成をサポートしましょう。記憶があいまいで困っていたら「交差点のところに、黄色い花が咲いていましたね」などと、思い出しやすいような言葉かけをします。

POINT

目的があると、会話も弾みやすくなります。「この花の名前、知っている」「私も知っている」といった共通認識から、交流が生まれたりします。

資料編

季節の花と紅葉

植物などを通じて、"季節感"を実感することができます。名前を知っていると楽しみがいっそうふくらみますので、さんぽ系や花を扱うレクリエーションを実施する際の、参考になさってください。

春

アブラナ〔菜の花〕
（アブラナ科）

ナズナ
（アブラナ科）

ハルジオン
（キク科）

ヤマブキ
（バラ科）

タンポポ
（キク科）

セイヨウタンポポ
（キク科）

レンゲソウ
（マメ科）

ボタン
（ボタン科）

コデマリ
（バラ科）

ハナミズキ
（ミズキ科）

夏

ヒルガオ
（ヒルガオ科）

ガクアジサイ
（アジサイ科）

オオマツヨイグサ
（アカバナ科）

ツユクサ
（ツユクサ科）

テッポウユリ
（ユリ科）

フヨウ
（アオイ科）

センニチコウ
（ヒユ科）

ホオズキ（ナス科）
※花が散ると、がくが成長して袋状になり、果実を包みます。

サルビア
（シソ科）

資料編

秋

コスモス
(キク科)

ヒガンバナ
(ヒガンバナ科)

フジバカマ
(キク科)

ヨメナ
(キク科)

ケイトウ
(ヒユ科)

ハギ
(マメ科)

キキョウ
(キキョウ科)

オミナエシ
(オミナエシ科)

セイタカアワダチソウ

紅葉（黄葉）する樹木

イロハモミジ
（ムクロジ科）

ソメイヨシノ
（バラ科）

イチョウ
（イチョウ科）

ハゼノキ
（ウルシ科）

トウカエデ
（ムクロジ科）

ケヤキ
（ニレ科）

ドウダンツツジ
（ツツジ科）

コナラ
（ブナ科）

トサミズキ
（マンサク科）

流行チェック

「流行チェック」と題して、若い人の服装から、最近どんなファッションが流行っているのかをチェックします。散歩をゲーム化することで、ワクワク感を高められます。

準備

事前にやること
- 散歩の時間内で、なおかつファッションチェックができそうなコースを設定しておきます。

用意するもの
- ※希望者に渡します。
  メモ帳
  筆記用具

導入の言葉かけ例

- 「皆さんが10代、20代の頃は、どんな服装が流行っていたんですか」と、回想できるような問いかけをします。自分のことを話すことで、レクリエーションへの興味を誘います。

- 「最近はどうなんでしょう。今日の外出では、どんなファッションが流行っているのか、見てみませんか。題して『流行チェック』です！」と、ゲーム感覚で楽しんでもらえるような言葉かけで、気分を盛り上げます。

- 「戻って来てから、チェックした感想をみんなでお話しましょう！」と、その後のスケジュールを伝えます。

- 「気になることがあったらメモできるように、メモ帳と筆記用具を用意しておきました。ご自由にお取りくださいね」と、参加者の意思に任せます。

7章 さんぽ系レク 2

時間	感情への働きかけ	効果
30分程度×2回（散歩＋発表）	○爽快感⇒喜び ○仲間意識⇒楽しみ	○機能性維持 ○社会見聞 ○想起 ○仲間とのコミュニケーション

進め方

1 散歩に出かけます。

お助けアドバイス
「お店で流行の服を見てみる」「どんなお店があるのか」など、時流や地域社会に興味を持つという視点だけでも、レクリエーションの広がりができます。

2 戻って来てから、感想を発表します。

POINT
同じ町に暮らしている人たちに興味を持つことで、愛着や帰属意識が育まれます。また、自分たちの若い頃のファッションを思い出し、参加者同士が共通の話題で盛り上がることができれば、仲間意識も生まれます。

昔と今、何が変わった？

いつもの散歩コースを、例えば昭和30年などの昔の地図を持って歩きます。昔のことを知っている参加者同士であれば、思い出を共有できるので、会話が弾むきっかけになります。この地域には住んでいなかった人が多い場合でも、昔（地図の時代）を思い出すきっかけにつながります。

準備

事前にやること

- 参加者が「この町にいつ頃から住んでいたのか」を事前に把握。それをもとに、住んでいる期間が近い人同士でグループ分けを考えておきます。

用意するもの

- 昭和30年代〜昭和50年代の町の地図

導入の言葉かけ例

- 「今日は、30年前の地図を用意しました。昔と今とでは、どんなふうに変わったんでしょうね。この地図を見ながら、歩いてみましょう」と、趣旨を説明します。

- 「話が弾みやすいんじゃないかなと思って、この地域に住んでいる期間を目安に、チーム分けしました」と、説明します。

> **お助けアドバイス**
> それぞれチーム名を付けるのも一案です。

7章 さんぽ系レク 3

時間	感情への働きかけ	効果
30分～1時間程度	○爽快感⇒喜び ○仲間意識⇒楽しみ	○機能性維持 ○想起 ○仲間とのコミュニケーション

進め方

散歩に出かけます。そして、あらかじめ決めておいたチームごとに、まとまって歩きます。

お助けアドバイス

チームに分かれたとはいえ、歩いているうちにグループが変わってくることもあるかと思います。その際は、参加者同士の話しやすさを優先させましょう。また、孤立してしまった人がいたら、言葉をかけてフォローします。

POINT

地域に住んでいる期間が短い人でも、今いるところが昔どのようなところだったかを想像することで、自分の過去を回想することができます。また、そうした参加者には、長年暮らした場所の話を聞いてあげると、喜びの感情が生まれます。

ノルディックウォーキングに挑戦

ポールを使って歩く「ノルディックウォーキング」は、ポールを持つことでバランスが保たれるので、姿勢よく歩きやすいのが特徴です。また、全身の筋肉をたくさん使いながら、ふつうに歩くより、長い時間歩くこともできます。介護レクリエーションでは、ポールを杖代わりにして、歩くことを楽しんでもらうことを目的にしましょう。

準備

用意するもの

- 2本のポール（ストック）×人数分
  ※身長×0.65〜0.68が目安
- 手袋

ポール

導入の言葉かけ例

- 「ポールを使って歩くノルディックウォーキングは、クロスカントリースキーの夏のトレーニングとしてフィンランドで始まったものです。ヨーロッパを中心に人気が高まったのですが、最近は日本でも見かけるようになりました」と、ノルディックウォーキングは、海外で人気という情報を伝え、興味を持つきっかけをつくります。

- 「ポールを使うと、姿勢よく歩きやすいですし、全身運動になります。リハビリや転倒予防にも効果的と言われているんですよ」と、具体的な効果も伝えます。

- 「難しく考えず、まずは歩くことを楽しみましょう！」と、安心してチャレンジできるように言葉をかけます。

7章 さんぽ系レク 4

時間	感情への働きかけ	効果
30分～1時間程度	○爽快感⇒喜び	○機能性維持 ○仲間とのコミュニケーション

進め方

1 グリップの持ち方

親指・中指・薬指の3本で軽く握ります。

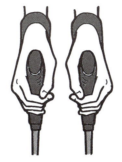

> **お助けアドバイス**
> 準備運動とクールダウンは必ず行いましょう。

2 基本の歩き方

歩き方はウォーキングの基本と同じですが、踏み出した足の横に、ほぼ垂直にポールを突くよう意識します。

※ポールは踏み出した足の横に、ほぼ垂直に突く。

> **お助けアドバイス**
> 周りの景色を楽しむのはもちろん、歩くこと自体を楽しみたいもの。そこで、時には「イチ、ニッ、イチ、ニッ」とかけ声をかけたりしましょう。

POINT

基本に忠実に歩こうと意識しすぎると、楽しく歩けなくなってしまいます。表情や動作に注意しながら、気楽に歩いてもらえるように、適時、言葉をかけましょう。

資料編

昭和（40年代まで）の主な出来事とヒット曲

昭和（西暦）	主な出来事	「ヒット曲」歌手
6年 （1931）	・満州事変が起こる ・東京飛行場（※現在の羽田空港）開港	・「丘を越えて」藤山一郎
7年 （1932）	・上海事変が起こる ・五・一五事件	・「影を慕いて」藤山一郎 ・「幌馬車の唄」和田春子
8年 （1933）	・ヨーヨーが大流行	・「東京音頭」小唄勝太郎、三島一声
9年 （1934）	・日本初のプロ野球チーム「大日本東京野球倶楽部（※現在の読売ジャイアンツ）創立	・「赤城の子守唄」東海林太郎
10年 （1935）	・芥川賞と直木賞が始まる	・「二人は若い」ディックミネ＆星玲子
11年 （1936）	・二・二六事件 ・ベルリンオリンピックの200m平泳ぎで、前畑秀子が日本女性の金メダル獲得	・「東京ラプソディ」藤山一郎
12年 （1937）	・日中戦争 ・双葉山が横綱になる	・「別れのブルース」淡谷のり子
13年 （1938）	・車が広まり、東京駅の人力車が廃業	・「麦と兵隊」東海林太郎 ・「シナの夜」渡辺はま子
14年 （1939）	・ノモンハン事件	・「大利根月夜」田端義夫
15年 （1940）	・日独伊三国軍事同盟締結	・「誰が故郷を想わざる」霧島昇 ・「湖畔の宿」高峰三枝子 ・「蘇州夜曲」霧島昇、渡辺はま子
16年 （1941）	・真珠湾攻撃により、太平洋戦争勃発 ・国民学校令が公布され、尋常小学校（6年）と高等小学校（2年）が、国民学校（初等科6年と高等科2年）に変更	・「梅と兵隊」田端義夫 ・「パラオ恋しや」岡晴夫 ・「琵琶湖哀歌」東海林太郎、小笠原美都子

昭和（西暦）	主な出来事	「ヒット曲」歌手
17年 （1942）	・「欲しがりません勝つまでは」などの「国民決意の標語」10点が決定	・「明日はお立ちか」小唄勝太郎 ・「森の水車」高峰秀子
18年 （1943）	・野球で使われる英語がすべて日本語になる	・「バタビヤの夜は更けて」灰田勝彦
19年 （1944）	・軍事インフレで国民生活は困窮 ・5銭、10銭の小額紙幣が発行される	・「あゝ紅の血は燃ゆる」酒井弘、安西愛子
20年 （1945）	・終戦	・「リンゴの唄」並木路子
21年 （1946）	・NHKラジオで「のど自慢素人音楽会」始まる	・「かえり船」田端義夫
22年 （1947）	・学校給食が始まる	・「啼くな小鳩よ」岡晴夫
23年 （1948）	・110番が始まる	・「東京ブギウギ」笠置シヅ子 ・「憧れのハワイ航路」岡晴夫 ・「湯の町エレジー」近江俊郎
24年 （1949）	・湯川秀樹がノーベル物理学賞	・「青い山脈」藤山一郎、奈良光枝 ・「悲しき口笛」美空ひばり ・「長崎の鐘」藤山一郎
25年 （1950）	・年齢を「数え」から「満」で書くようになる ・NHKがテレビの定期実験放送を開始	・「夜来香」山口淑子 ・「東京キッド」美空ひばり
26年 （1951）	・「第1回NHK紅白歌合戦」がラジオで放送される	・「ひばりの花売り娘」美空ひばり ・「上海帰りのリル」津村謙
27年 （1952）	・NHKラジオドラマ「君の名は」放送開始	・「リンゴ追分」美空ひばり ・「テネシーワルツ」江利チエミ

資料編

昭和（西暦）	主な出来事	「ヒット曲」歌手
28年 (1953)	・「君の名は」の影響で真知子巻きが流行	・「君の名は」織井茂子 ・「街のサンドイッチマン」鶴田浩二
29年 (1954)	・マリリンモンローが夫のジョー・ディマジオと来日	・「岸壁の母」菊池章子 ・「お富さん」春日八郎
30年 (1955)	・小説『太陽の季節』を発表した石原慎太郎のヘアスタイルを真似た「慎太郎刈り」が流行	・「別れの一本杉」春日八郎 ・「月がとっても青いから」菅原都々子
31年 (1956)	・人気漫画のベスト3は『サザエさん』『イガグリ君』『轟先生』	・「ここに幸あり」大津美子 ・「東京の人」三浦洸一
32年 (1957)	・ロカビリーブームでロカビリー喫茶が増える	・「俺は待ってるぜ」石原裕次郎 ・「東京だよおっ母さん」島倉千代子 ・「有楽町で逢いましょう」フランク永井
33年 (1958)	・東京タワー完成 ・フラフープが流行	・「嵐を呼ぶ男」石原裕次郎 ・「だからいったじゃないの」松山恵子 ・「おーい中村君」若原一郎
34年 (1959)	・皇太子（当時）ご成婚パレードをテレビ中継	・「南国土佐を後にして」ペギー葉山 ・「ギターを持った渡り鳥」小林旭
35年 (1960)	・カラーテレビの放送開始 ・ダッコちゃんブーム	・「誰よりも君を愛す」松尾和子＆和田弘とマヒナスターズ ・「アカシアの雨が止むとき」西田佐知子
36年 (1961)	・うたごえ喫茶が流行	・「上を向いて歩こう」坂本九 ・「銀座の恋の物語」石原裕次郎、牧村旬子 ・「王将」村田英雄
37年 (1962)	・ツイストが流行	・「いつでも夢を」橋幸夫、吉永小百合 ・「下町の太陽」倍賞千恵子 ・「ハイそれまでヨ」植木等
38年 (1963)	・初の連続テレビアニメ「鉄腕アトム」スタート	・「こんにちは赤ちゃん」梓みちよ ・「見上げてごらん夜の星を」坂本九 ・「高校三年生」舟木一夫

昭和（西暦）	主な出来事	「ヒット曲」歌手
39年 (1964)	・東京オリンピック開催 ・東海道新幹線開通	・「明日があるさ」坂本九 ・「君だけを」西郷輝彦 ・「幸せなら手をたたこう」坂本九
40年 (1965)	・朝永振一郎がノーベル物理学賞受賞 ・エレキギターブーム	・「君といつまでも」加山雄三 ・「涙の連絡船」都はるみ ・「涙くんさよなら」マヒナスターズ
41年 (1966)	・ビートルズ来日	・「星影のワルツ」千昌夫 ・「バラが咲いた」マイク真木 ・「霧の摩周湖」布施明 ・「哀しい酒」美空ひばり
42年 (1967)	・ツイッギー来日、ミニスカートが流行 ・着せ替え人形「リカちゃん」登場	・「ブルー・シャトー」ジャッキー吉川とブルーコメッツ ・「夜霧よ今夜もありがとう」石原裕次郎 ・「この広い野原いっぱい」森山良子
43年 (1968)	・川端康成がノーベル文学賞受賞 ・ヒッピースタイルが登場	・「三百六十五歩のマーチ」水前寺清子 ・「花の首飾り」ザ・タイガース ・「ブルーライトヨコハマ」いしだあゆみ
44年 (1969)	・テレビアニメ「サザエさん」放送開始	・「いいじゃないの幸せならば」佐良直美 ・「夜明けのスキャット」由紀さおり ・「長崎は今日も雨だった」内山田洋とクールファイブ
45年 (1970)	・日本万国博覧会（大阪万博）が開催される ・ボーリングが流行	・「ドリフのズンドコ節」ザ・ドリフターズ ・「圭子の夢は夜ひらく」藤圭子 ・「今日でお別れ」菅原洋一
46年 (1971)	・マクドナルド日本第1号店が銀座にオープン ・テレビ番組「8時だヨ！全員集合」が視聴率50%	・「わたしの城下町」小柳ルミ子 ・「また逢う日まで」尾崎紀世彦 ・「知床旅情」加藤登紀子 ・「よこはまたそがれ」五木ひろし
47年 (1972)	・札幌冬季オリンピック開催 ・沖縄返還	・「女のみち」宮史郎とぴんからトリオ ・「瀬戸の花嫁」小柳ルミ子 ・「さよならをするために」ビリーバンバン
48年 (1973)	・オイルショックによる物価急上昇とモノ不足	・「学生街の喫茶店」ガロ ・「喝采」ちあきなおみ ・「危険なふたり」沢田研二 ・「神田川」かぐや姫
49年 (1974)	・ハローキティ誕生 ・ベルばらブーム ・セブンイレブンが第1号店を東京都江東区に出店	・「なみだの操」殿さまキングス ・「あなた」小坂明子 ・「うそ」中条きよし ・「くちなしの花」渡哲也

武藤清栄（むとう・せいえい）

1976年、国立公衆衛生院（現国立保健医療科学院）衛生教育学科卒業。専攻は健康教育およびメンタルヘルス。医療法人梨香会秋元病院精神科での心理療法担当を経て、1985年に東京メンタルヘルス・アカデミー（現東京メンタルヘルス株式会社）を設立。現在、関東心理相談員会会長、日本精神保健社会学会副会長。厚生労働省 ― 中央労働災害防止協会メンタルヘルス対策支援事業部会委員なども務める。著書・監修に、『なぜ、あなたの話は伝わらないのか』（大和書房）、『雑談力』（明日香出版）、『マンガでやさしくわかるメンタルヘルス』（日本能率協会マネジメントセンター）、『介護の言葉かけタブー集』（誠文堂新光社）他、多数。

staff
監修	武藤清栄
編集・執筆	嶋崎千秋
装丁・デザイン	髙橋克治
イラスト	尾代ゆうこ

心の専門家がアドバイス　生きる意欲を刺激する介護レク アイデア集
感情に働きかける　これからの介護レクリエーション

2017年12月14日　発　行　　　　　　　　　　　　　　　　　NDC367

監　修　　武藤清栄
編　者　　エモーショナルな介護レク研究会

発行者　　小川雄一
発行所　　株式会社誠文堂新光社
　　　　　〒113-0033　東京都文京区本郷3-3-11
　　　　　（編集）電話03-5805-7285
　　　　　（販売）電話03-5800-5780
　　　　　http://www.seibundo-shinkosha.net/
印刷所　　星野精版印刷 株式会社
製本所　　和光堂 株式会社

©2017, Seibundo Shinkosha Publishing Co., Ltd.　　　Printed in Japan　　検印省略　　禁・無断転載

落丁・乱丁本はお取り替え致します。

本書のコピー、スキャン、デジタル化等の無断複製は、著作権法上での例外を除き、禁じられています。本書を代行業者等の第三者に依頼してスキャンやデジタル化することは、たとえ個人や家庭内での利用であっても著作権法上認められません。

JCOPY ＜(社)出版者著作権管理機構 委託出版物＞
本書を無断で複製複写（コピー）することは、著作権法上での例外を除き、禁じられています。本書をコピーされる場合は、そのつど事前に、(社)出版者著作権管理機構（電話03-3513-6969／FAX 03-3513-6979／e-mail:info@jcopy.or.jp）の許諾を得てください。

ISBN978-4-416-71710-3